U0931771

香港神學院

當代教會課題研討

當耶穌遇上病了的教會

鄧瑞強、趙崇明 合編

基道出版社

▼

香港神學院・當代教會課題研討

當耶穌遇上病了的教會

Jesus and the Sickness of the Church

合編

鄧瑞強、趙崇明

執行編輯

梁冠霆

裝幀設計

奇文雲海・設計顧問

■

聯合出版

香港神學院
香港九龍塘
金巴倫道 17 號
BIBLE SEMINARY OF HONG KONG
18 Cumberland Road,
Kowloon Tong, Hong Kong
電話：(852) 2336-0088 傳真：(852) 2338-9908
網址：http://www.bshk.edu.hk

基道出版社
香港沙田火炭坳背灣街 26 號
富騰工業中心 1011 室
LOGOS PUBLISHERS
Unit 1011, Fo Tan Ind. Centre, 26 Au Pui Wan St.,
Shatin, Hong Kong
電話：(852) 2687-0331 傳真：(852) 2687-0281
網址：http://www.logos.com.hk

發行

基道出版社

承印

海洋印務有限公司

●

4/2014 初版

Cat. No. LP936

ISBN: 978-962-457-477-7

刷次	10	9	8	7	6	5	4	3	2	1
年份	2023	2022	2021	2020	2019	2018	2017	2016	2015	2014

編者序

鄧瑞強

基督的跟隨者，是「教會的存在」(ecclesial being)。談論「教會」，即談論我們自身。談論「教會」的病，即談論我們自身的問題。柏楊寫了本《醜陋的中國人》，揭露中國人的問題。中國讀者，應該不會愈看愈興奮，然後指著中國人說：「看，你們這些醜陋的中國人。」這位讀者畢竟不是「外人」，那本書所說的醜陋，他多少有點分兒。《醜陋的中國人》這種書，是寫來讓中國人自省的，不是讓中國人拿來嘲笑「他人」的。寫這種書的人沉重，讀這種書的人也沉重。畢竟，這些書不是揭露別人，而是揭露自己。讓自己赤裸的見於人前，怎能沒有羞恥之感？但是，很多時，病情被揭露，尤其是心理的病，病才得醫治。故此，這種書不得不寫。如今，這本討論教會問題的書，寫的人也不是以此來嘲笑「別人」的。畢竟，寫的人也是教會羣體的一分子。寫這本書，是懷著善意的，希望作者和讀者的病，能呈現一點半點出來。希望這一點半點的揭露，對病得醫治有多一點幫助。

教會是甚麼？

傳統上，主要有三幅神學圖像表述教會：「上帝的子民」、「基督的身體」和「聖靈裏的團契」。

「上帝的子民」這幅神學圖像，點出教會的真正所屬。教會是屬於上帝的，不屬於世界。教會只能效忠於上帝，不能效忠於「非神」的偶像。教會的身分由上帝界定，不能以世俗的標準去界定。如是者，教會沒有被世界擺佈的議程，而只有上帝給定的議程。教會不效忠於世界的權勢，而只效忠於上帝。教會也不用按世俗的標準去衡量自己的成敗得失，而只能按上帝的選召去肯定自己的身分。

教會之病，在於教會忘記了自身「上帝的子民」的身分，去追逐別的身分。那些出了埃及、被上帝的雲柱和火柱引導的「上帝的子民」，被嗎哪和鵪鶉養育的「上帝的子民」，竟放棄自己的新身分，渴望回到埃及成為「法老的奴隸」，這多麼令上帝失望。

「基督的身體」這幅神學圖像，點出教會的具體形態。升了天的基督無「體」，以教會為「體」。教會是展現基督的生命形態的具體場所。

基督是教會的「頭」，祂是教會的「面孔」，也是教會這「身體」的指揮中心。除了基督的「面孔」以外，教會不能呈現其他「面孔」。除了基督的指揮以外，教會不能追隨別的領導。如是者，若基督「面」向各各他，教會便不能「面」向別的地方。若基督的心意是聽從天父的旨意，教會便不能聽從別的旨意。自動步槍比十字架更能有效操控羣眾，但若基督「面」向十字架，教會作為「基督的身體」，便無權「面」向自動步槍。教會只能呈現基督的「面孔」。

在「基督的身體」裏，眾信徒像肢體，彼此連成一體。眼不能對手説：「我用不著你。」頭也不能對腳説：「我用不著你。」基督的生命展現在教會生活中，就是信徒的生命「基督化」。「存在論」地説，信徒生命的結構改變了，他們不再是「個體地」存活，而是「身體地」存活。信徒不再為自己而活，乃為他身邊的肢體而活。教會作為「基督的身體」，「肢體」合一便是理所當然的事了。

基督總是倒空自己，走向他人，教會作為「基督的身體」，也當如此。聖公會大主教湯樸威廉（William Temple）曾説過：「教會是地上惟一一個社團，它的存在是為了非會員的益處的。」若基督總是越過人間的種種藩籬，去接觸「籬笆外」的人，「基督的身體」就無權建造種種「籬笆」，使自己成為封閉的羣體。

教會之病，在於教會忘記了自己是「基督的身體」，而追逐世間的「佳形美容」的「面容」，遠離十字架而走世人選擇的寬路，封閉自己而只求自身的富貴。當猶大不再願意跟從基督走向十架，而寧願要祭司長手中的三十塊錢時，基督多麼惋惜。

「聖靈裏的團契」這幅神學圖像，點出教會在世人中間應發揮的影響力。聖靈在哪裏，那裏便會經驗到釋放、生命力、新的可能性。作為「聖靈裏的團契」，教會生活應幫助信徒從種種壓迫及壓抑中釋放出來，而不是增加他們的壓迫和壓抑。教會生活應讓信徒體驗生命的美善和可貴，而不是教導他們「厭棄」生命，變得死氣沉沉。教會生活應開闊信徒的視域及胸懷，而不是令他們「反智」地、「反生命」地注目在沒有生命的東西上。

教會之病，在於教會遠離了「聖靈裏的團契」的生活，遠離了聖靈裏的活生生的生命力。信徒像是垂死的病人般，對美善的事物沒有反應，對天國沒有抱負，對生命的光明前景沒有盼望。原應是生氣勃勃的信徒，卻像病人般活著，那賜靈氣的聖靈，只能用「說不出來的歎息替我們禱告」!

教會有病，信徒也有病。揭露病情，不過是想病得醫治。但願教會真的守著「上帝的子民」的身分，活出「基督的身體」的生命，帶出「聖靈裏的團契」的活力。

目錄

編者序／鄧瑞強 v

1 宗教世俗化下的「A貨教會」與「A貨信徒」
趙崇明 1

2 教會遺失了十字架
鄧瑞強 23

3 論基督徒與中國民間宗教教徒的相似性
蘇遠泰 45

4 教會內教育的窒礙
張慧玲 67

5 教會的崇拜是要滿足人嗎？
張天和 85

6 施與不施——教會的慈善事業
蔡式平 103

7 從利未記祭司的職責反思今天教牧同工的職責
張祥志 119

編者跋／趙崇明 139

作者介紹 143

1

宗教世俗化下的「A貨教會」與「A貨信徒」

趙崇明

一 定義：「A貨教會」與「A貨信徒」

「A貨」是指假貨或冒牌貨，目的是以假亂真。當然「A貨」的質素也有高低之分，有些「A貨」無論外形或用料的仿真度都很高，令消費者真假難辨；有些則一眼便認出是假貨。無論如何，一般「A貨」通常只會冒充名牌，以低廉價格出售，讓消費者不用付太多錢，就能夠滿足到消費名牌的慾望。

那麼，顧名思義，「A貨教會」就是仿真度很高的教會，或是「疑似」教會的教會，或是不成教會的教會。這類教會可能擁有宗教敬虔的外表，卻欠缺信仰的真正內涵和實質，表裏並不一致，是有名（形）無實的教會。而「A貨信徒」就是假冒為善、表裏不一、有名無實的信徒，他們是「疑似」信徒的信徒，甚至可能是口裏聲稱有上帝而心裏卻沒有上帝的「無神論者」（無神論者的英文 Atheist，第一個字母恰巧亦是 A）。[1]

消費市場內固然有「A貨」的 LV 手提袋，毫無疑問它整個都是假貨。「A貨教會」卻不同，這並不是指整間教會就是充斥著虛假信仰的假教會，內裏全部都是假冒為善的「A貨信徒」；同樣地，「A貨信徒」也並不等於完全是一個冒牌的假信徒。上述兩者乃指教會和信徒的生命，浮現了一些「A貨」的文化現象或表徵而已。換言之，可能不少教會及信徒或多或少都有一些「A貨」的表徵。本文的目的，正是要指出這些「A貨教會」和「A貨信徒」的現象或表徵，並嘗試闡釋這些現象的出現跟宗教世俗化的關係，或者說，「A貨教會」和「A貨信徒」正是宗教世俗化的產物。

二 宗教世俗化

西方社會隨著科學的進步和資本主義的發展，人類從對上帝的崇拜轉移至對科技和商品的膜拜，科學的理性化世界觀，逐步取代了傳統基督宗教富神祕色彩的世界觀，消費商品亦日漸成為人類日常生活的重心，成為消費者膜拜的對象。社會逐漸出現上帝被取代（the displacement of God）和傳統宗教（基督教）被邊緣化的迹象。

韋伯（Max Weber）在其名著《新教倫理與資本主義精神》（*The Protestant Ethic and the Spirit of Capitalism*）中，正是分析基督教世俗化（secularization）跟理性化（rationalization）和資本主義之間的關係。他首先指出，加爾文（John Calvin）神學其中一個重要的任務及成果，就是要為宗教「解魅」（disenchantment；或譯「解除世界魔咒」），意即要消除傳統基督教中的迷信和神祕成分，使基督教經歷理性化的過程，最終變成一個入世的理性宗教。韋伯更指出，這也是基督新教（即更正教）與仍保留若干程度神祕色彩的天主教的差別。他如此描述「解魅」的過程：「這個過程從古希伯來預言家們開始，而後與希臘人的科學思想相融合，把所有以魔法的手段來追求拯救的做法都當作迷信和罪惡加以摒棄。」[2] 當新教經歷「解魅」的過程而變得理性化之後，就很能夠融合資本主義的發展，因為在韋伯的心目中，理性化就是世俗資本主義其中一個重要特徵。因此，基督教理性化的過程，也就是世俗化和資本主義化的過程。韋伯進一步指出，這種經過理性化的基督新教，尤其是建基於加爾文神學中「預定揀選論」（predestination）其禁慾主義之上的那套新教倫理，更是構成資本主義精神的重要元素。他如此說：

> 現在每一個基督徒必須終生成為僧侶。他就是在這個事實中看到了宗教改革的意義……於是那些虔誠的超塵脱俗的人只好被迫在世俗的事務中追尋自己的禁慾理想，而他們以前是能成為最出色的僧侶的。但加爾文宗在其發展過程中為這一傾向添加了某種肯定性的東西，亦即增加了這樣一種觀念：必須在世俗活動中證明一個人的信仰……通過將其倫理建立在預定論的基礎上，加爾文宗得以用今生今世就已預定為上帝的聖徒的精神貴族來代替僧侶們那種出世、超世的精神貴族。[3]

不過諷刺的是，當基督教倫理所促成的現代資本主義，一旦成為社會所崇拜的核心價值的時候，也就是宗教愈趨世俗化的時候，結果卻適得其反，基督教在現代資本主義社會中卻逐漸沒落，愈來愈被邊緣化！

關於世俗化的討論，美國學者席納爾（Larry Shiner）的理解大概較為全面細緻。席納爾在題為〈經驗研究中的世俗化概念〉（"The Concept of Secularization in Empirical Research"）一文中，[4] 特別提到宗教團體的價值取向，有從彼世轉向此世的變化，即宗教從內容到形式，都變得適合現代社會的市場經濟。資本主義社會，是一個鼓勵在多元環境自由競爭的社會。因此，在這種社會背景下的宗教，的確難免受到影響。正如另一個同樣研究宗教世俗化的著名宗教社會學家柏格（Peter Berger），他在其名著《神聖的帷幕》（*The Sacred Canopy: Elements of a Sociological Theory of Religion*）中也曾寫道：「先前以權威使人服從的宗教傳統，現在必須**市場化**⋯⋯總之，多元環境是個市場的環境。在其中，宗教組織成為交易場所，而宗教傳統變成消費商品。無論如何，宗教活動的交易逐漸由市場經濟的邏輯來主導。」[5]

深入研究宗教世俗化問題的柏格，在《神聖的帷幕》一書中對「世俗化」下了這樣的定義：

> 我們所謂的世俗化，指的是社會與文化的活動領域脫離宗教制度和象徵之支配的過程⋯⋯然而，當我們談到文化和象徵時，這蘊含著世俗化不僅是社會結構的過程，更影響到全體文化生活和觀念⋯⋯簡單的說，這意味著現代西方有愈來愈多的人不必借助於宗教的詮釋去看待他們的世界和自己的生命。[6]

傳統是借助基督教文化的價值觀去觀看和詮釋世界和在世的生活，不過主導現代人的，卻是已「世俗化」了的世界觀和價值觀，甚至乎現代的基督徒，他們的生命和生活，同樣已經被這些「世俗化」的世界觀所影響和支配，即他們表面聲稱是基督徒，但思想和行為跟俗世的非信徒差別不大，也許他們就是上述所講的「A貨信徒」。

此外，柏格亦有提及基督教自由主義神學本身的世俗化問題，他對新教自由主義有如此的描述：

> 他們不再強調基督教傳統裏所有的「超自然」元素，而選擇「自然」宗教，在其中，理性和情緒都能滿足……神學體系現在都必須遷就世俗知識分子的相關團體，即施萊馬赫於一七九九年發生的著名演講裏提到對於宗教的「文化蔑視者」……的確，這個神學被形容為與世俗思想的龐大協商過程……也就是資本主義在經濟和技術獲勝的時期，西方世界擴張的時期，以及中產階級文化強勢的時期，總之是資本主義的「黃金歲月」。這是西方文明對於文化、政治和經濟價值最具信心的時期，這種信心充分反映在新教自由主義樂觀的世界觀裏。[7]

表面上，基督教神學的世俗化是現代主義（modernism）的產物。不過侯活士（Stanley Hauerwas）和克拉普（Rodney Clapp）卻認為，基督教或教會世俗化其實一早已經發生，他們認為教會的「君士坦丁化」（Constantinization）根本就是跟「教會世俗化」同義。教會不僅在君士坦丁的時代充當帝國的「贊助人」，在日後絕大部分的日子裏，它繼續樂於充當西方文明的「贊助者」，長久覬覦著跟西方文明結盟的關係，不少基督徒太容易將教會的工作，等同於對世界現狀提供宗教贊助。[8]不過，當教會甘於成為西方文明的贊助者的同時，卻要付上教會世俗化的沉重代價。危險之處在於：為了跟世俗文化結盟，為了要令人覺得基督教在公共空間被認同，於是就設法令到基督信仰的價值觀與世俗文化兩者本應保持的差異和界線變得模糊，甚至將基督的主權拱手讓人，讓文化賦予自己的自主性。侯活士已提醒我們，教會的基督徒本應是隨道者（followers of the Way），卻一窩蜂變成世俗文化的贊助人和代理商。世俗化的教會，令它不知不覺地傳揚一套只具有調適性（adapted）和善於妥協的福音！

隨著世俗化的發展，即是當西方文明發展到一個地步，現代文化的資本主義和理性主義已經成為普世認同和追求的價值時，西方文化的自主性愈來愈強。又或者當這樣的現代文化已經統治了全世界，而倡導這些現代文化的歐美國家，亦已經成為世界上居領導地位的超級大國之後，俗世社會便開始覺得西方文明不再需要教會了。教會就在這種被西方文明邊緣化而產生極大的失落感之際，很容易產生一種策略性的反應——「感傷的投降」（sentimental capitulation）。[9]

「感傷的投降」即是「放棄」（relinquishment）。[10] 克拉普指出，這是自由派新教常用的策略，他們因被邊緣化而傷感之餘，便「相信『與新興世界交往』的惟一真正方法，就是向它大大的讓步。這包括變得『模糊』和『吸引力較少』。換句話說，如要取得誠實的讚譽，便要承認自己『沒有真正的信息』。」[11] 自由派深受啟蒙運動的自由主義和客觀中立的理性主義的影響，聲稱基督教同樣具備客觀中立和自由開放的性格，於是承認世俗文化有其優越性和自主性，並且同意在公共空間中要用符合公共理性的共通語言來互相對話，不應隨便將基督教的價值觀加諸在別人身上。然而，這可說是一種棄守投降的做法。正如尤達(John H. Yoder)寫道:「道德教導的**內容**不是耶穌的教訓,而是某些『崗位』、『職位』或『召命』所擔負的責任。」[12] 克拉普引述了一些日常生活的事例,解釋尤達的意思:

> 律師會根據律師公會的行規行事,醫生會根據醫學會的行規,銀行家會根據銀行公會的行規,諸如此類……但他們卻都承認,為他們的行業給予界定和約束的,基本上不是基督教故事之中那強大的陶塑力量。[13]

可惜這種反應其實只是進一步的調適和妥協的策略而已。又或者說,教會運用這種策略的目的,無非是要在這個「要將教會踢出局」的世界中,試圖延續充當西方文明的「贊助者」這角色的一種生存方式而已。於是,當教會愈要扮演西方文明「贊助者」的角色,教會就愈來愈世俗化,愈來愈甘於演活「A貨教會」的角色。

三「A貨教會」和「A貨信徒」的現象分析及反省

接下來,本文將嘗試描述一些宗教世俗化下的「A貨教會」和「A貨信徒」的各種現象或表徵,從而反映他們如何受世俗價值觀的影響。

1. 用過有效,跟風照抄

如果「A貨」的特徵是抄襲名牌,則「用過有效,跟風照抄」就是「A貨教會」的生存原則。不少香港教會頗懂得這種生存之道，當發現其他教會沿用的教會牧養或增長模式有效，便一窩蜂有樣學樣。眼見別人行小組化教會模式、G12、敬拜讚美或啟發課程成功，便貿貿然跟風照抄。又例如近年愈來愈多香港教會的牧者及領袖，紛紛以華里克（Rick Warren）的馬鞍峯社區教會（Saddleback Valley Community Church）的增長模式作為借鏡。不少人都同意，華里克的教會增長模式跟尋道者模式有關，這種以尋道者為本的教會增長策略，基本上是以用家至上的敬拜模式，吸引尋道者留在教會。因此，教會增長最終成為最重要的目標，甚至可能成為敬拜的目的。[14]

華里克在《直奔標竿》（*The Purpose Driven Church*）裏強調，傳福音是教會增長非常重要的工作，因此必須計劃好教會的福音策略。不過，他卻從一種效益主義的角度，思考傳福音的策略和資源的運用，他說：「絕不容許我們浪費時間、金錢、及精力在沒有結果的方式和泥土上。我們必須策略性地接觸這個世界，把我們的努力集中到能產生最大衝擊的地方。」[15] 他的意思是要將精力和資源集中在那些對福音接受程度最高（即最易信耶穌）的羣體上面，當有人反問教會在未接觸新人之前，為何不努力去把流失的會友帶回來，華里克竟回應說：「這個策略絕對會帶來教會衰退，是行不通的。把一個不滿意或屬世的老成員弄回來所要花的精力，是帶領一個願意接受的非信徒的五倍。」[16] 因此，他斷言：「增長的教會專注在帶領可能接受的人身上，不增長的教會專注在贏回冷淡不來的人身上。」[17] 華里克又指出：「幫助人們委身的另一個要訣是確認出其利益……人們的確有一種內在的慾望，想要去學習、成長、改進；但是，有時候你必須以他們的價值觀與利益來講述學習的目標和成長的目的，以喚醒那個慾望」。[18]

不難發現，在我們的信仰和教會生活裏，愈來愈多人喜歡只從效益主義和目標導向的進路，思想教會增長的方法和策略，並似乎愈來愈倚重一些可以量化地計算業績的事工導向的牧養模式。上述這種「用過有效、跟風照抄」的效益主義現象，其實可算是資本主義引致教會世俗化的結果。借用社會學家里茨爾（George Ritzer）提出的「社會的麥當勞化」（the McDonaldization of society）的觀念，「麥當勞化」所體現的那種強調目標導向的效益主義，正是現代資本主義社會發展的必然結果。而且這種以目標為本、以效益為核心的麥當勞化的長臂，業已伸展到社會生活各個領域、各個層面，可謂無孔不入，務實的效益主義現實地已處於強勢的局面。不但社會出現「麥當勞化」的現象，其實教會也已經「麥當勞化」，「用過有效，跟風照抄」，就是其中一種教會「麥當勞化」的表徵。

2. 不甘平凡，好大喜功

教會領袖委實不容易擺脱來自數字和空間佔有率的試探，他們亦深受「大就是好」的誘惑。只要環顧香港教會發展的生態便不容否認。事實告訴我們，大家心目中認為有增長的教會，絕對不會是一些只得三、四十人聚會的小型教會，而是那幾間聚會人數由幾十增長到幾千、由每週一至兩堂崇拜增加至十多堂崇拜、由細小空間擴展到擁有一整座巨型建築物的超級教會（megachurch）。崇尚「成就導向」的香港人，已經習慣了講數字、講業績，因為這是能夠量度成敗的客觀及可見的標準。這些教會的牧者，甚至會著書立説，跟別人「分享」或「傳授」教會增長成功的祕訣，成為香港眾教會學習的模範，彷彿大型教會就是教會中的名牌，就是成功教會的象徵。然而，為何講教會增長，必然以大型教會作為學習和效法的對象？為何總是以量化方式論教會增長？為何「大就是好」？這是否正好反映了教會的「好大喜功」？只懂追求業績成就、「好大喜功」的大型教會，會否反而正是典型的「變了質」的「A貨教會」呢？

3. 消費享受，生命照舊

也許不少自以為講求理性的現代人否認有宗教信仰，但馬克思（Karl Marx）認為現代人已經選擇用另一種宗教取代傳統宗教，他稱這種宗教為「商品拜物教」；人在消費行為上對物質的膜拜，就好像在傳統宗教裏面人對神的崇拜一樣。事實上，不少研究消費文化的學者告訴我們，現今影響我們最大的不是教會而是購物商場，商場是「商品拜物教」的聖殿，人每逢週末或週日就上去朝聖並作出奉獻。而這些大型購物商場所提供的，就是滿足消費者各種類型需要的「一站式」、「混合消費」的服務。

現代一些大型教會也愈來愈傾向提供這類「混合消費」，信徒進到這類教會，猶如進入一個大型超級市場，各式各樣的服務應有盡有。「返教會」不再單純是敬拜主、學習聖經、祈禱、傳福音，還可享有不同的配套服務，如舞蹈、攝影、話劇、插花、飼養寵物、烹飪、健美、管教子女、夫婦關係、NLP（身心語言程式學）、九型人格、正向心理學等不同類型的興趣小組、講座或課程。這種帶有「混合消費」傾向的教會發展模式，無疑有助於教會增長，不過亦容易使教會變成消閒及交誼俱樂部。在消費主義的潛移默化底下，教會生活愈來愈變得消閒化和娛樂化；香港一間大型教會的教堂外，就曾掛上兩幅很大的宣傳橫額，上面這樣寫著：「與其百無聊賴，不如青年敬拜！」[19]

在資本主義的強勢影響下，教會不知不覺也會將福音商品化。或者說，教會首先要把福音包裝成一件商品，讓它走進市場來迎合消費者的需求，例如要藉著福音電影、方舟的驚人考古發現、聖地旅遊節目等形式來將福音傳開（或銷售）。其實可能教會一直慣用「銷售」的心態來看待傳福音這事情，只不過如今較喜歡用消費性的「軟銷」策略，代替傳統一直沿用的「硬銷」方法而已。

另一個典型的例子，就是香港曾經有一間教會籌備舉辦一個佈道暨擴堂籌款晚宴，特意邀請某位名人來港負責福音聚會。不過，整件事卻鬧得滿城風雨，那間教會被批評過於商業化，從教會宣傳海報上的字句，已反映出這種情況：「一個天生沒有四肢的人在今天競爭激烈的社會能成就甚麼？靠著耶穌，今天的他擁有財務策劃及會計學位，幸福的家庭，活得一無所缺。」短短的宣傳字句，強調的是商業社會的「激烈競爭」，以及擁有學位、幸福家庭、一無所缺的生活「成就」，在在反映了香港這個資本主義社會所高舉的「中環價值」。至於另一個遭人詬病之處，在於擴堂籌款晚宴的安排。該教會將筵席按奉獻金額的多寡分類，奉獻一萬元者可被安排坐上「恩典位」，得著與名人同枱吃飯的「回報」，真不知這算是「重價」還是「廉價」的恩典！

今天不少信徒經常抱怨「教會不能滿足我的需要」或「我得不到教會的供應和餵養」。然而，倘若僅以消費者的心態回到教會，就會認為教會所有的事工和服務都是為「我」而設的，並只問教會可以為我做甚麼，而不問我可以為教會做甚麼。只講求消費享受，過著依然故我的生活，沒有改變，不肯委身。在強調利己和自我中心的消費主義底下，本來重價的福音，頓然變成廉價的福音和廉價的恩典。

然而，耶穌留下的大使命，卻是要使人作祂的門徒，而門徒的生命特徵就是強調委身捨己、背負十字架跟從主（參太四17～22，二十八19）。

4. 一流偶像，二手信仰

近年香港教會愈來愈喜歡邀請名氣大的講員、政界人物、明星歌星，在崇拜或其他福音聚會中站台講道或分享生命經歷。例如二〇一二年籃球明星林書豪訪港，於亞洲博覽館主領福音聚會，坐無虛席。名人力克．胡哲（Nick Vujicic）來港開佈道大會，也是如此。鄭秀文於二〇〇九年出版的《值得》，曾經成為全城熱賣的暢銷屬靈書。這種現象背後的思維似乎已有一個前設：名牌偶像的信仰經歷總是非同凡響，他們的生命見證好像比平凡人更具屬靈的感染力和吸引力，彷彿單單聆聽偶像的屬靈見證，已經足以餵養和滿足粉絲們（fans）的屬靈需要。

一些自認比較理性和求知慾較強的信徒其實亦不外如是，他們也一樣「追星」，也一樣會有各自追捧的偶像。還記得上世紀八十至九十年代，曾經被稱為香港基督教界「四大天王」的楊牧谷、余達心、梁燕城和溫偉耀，他們所開辦的課程或講座總是爆滿。今天教會內信徒一般的學歷都比以前為高，不少人的求知慾也相當強，再加上神學教育日趨普及，愈來愈多平信徒修讀不同類型的神學課程，他們對各大神學家或著名學者的神學觀點也能略知一二，有些甚至常把他們的觀點掛在口邊，說巴特（Karl Barth）如此說、田立克（Paul Tillich）那樣說等，當然還有潘霍華（Dietrich Bonhoeffer）、莫特曼（Jürgen Moltmann）、尤達、侯活士、鄧雅各（James Dunn）、包衡（Richard Bauckham）、賴特（N. T. Wright）等……然而，他們卻可能愈來愈少提到「上帝對我如此說，我如此地聆聽和回應」。

崇拜名牌偶像的「A貨信徒」，似乎只懂訴諸品牌的權威，只會轉述或套用其他名人信徒的權威言論或模範答案（model answer），卻總是提不出對個人信仰經歷的神學反省。信徒只樂於參加名講員的課程或講座，單向地聆聽接收，卻沒有興趣自己主動閱讀書籍和研究神學。信徒只樂於聆聽別人的信仰見證，以別人的二手信仰代替自己第一身的信仰經歷。「A貨教會」內的「A貨信徒」，絕對能夠把從別人口中學會的宗教術語和模範答案，複述得頭頭是道，他們最擅長複製二手信仰，亦往往只能如此向上帝禱告：「我從前只在別人身上風聞有祢，直到現在還沒有親眼看見祢。」

5. 膜拜專業，只信知識

香港大部分中產教會都有不少具專業背景的信徒，他們特別信賴專業知識，甚至逐漸將教會的不同職事也看為一種專業。教會內各種宣講、教導和牧養的事工，愈來愈要求專業化，兒童事工如是，青少年事工如是，家庭或夫婦事工亦如是。他們更期望教會的傳道人和牧者能接受各式各樣的專業訓練，以致能提供具專業水準的優質服務。

其中一種典型的教會事工專業化的現象，就是對心理輔導的過度膜拜。信徒最關心的，只是自己的心理需要，教會成為個別信徒的心理輔導室，最重要的事工，就是為信仰消費者提供優質的個人心理輔導服務。正如克拉普說：「牧者和其他教會領袖都面對極大的壓力，他們要專心一意的將事奉當作營銷和心理治療——這兩種傾向都將信仰實踐集中在個人身上。而神學院的學生也全都認真表示，學習神學是『不切實際的』，他們要求開設更多輔導課程。」[20] 由此可見，教會普遍瀰漫著專業主義（professionalism）的文化。

深受專業主義影響的香港中產教會，可能愈來愈相信世俗專業的知識過於聖經真理的知識，崇拜專業的權威過於聖靈的權能。當然，崇拜專業主義的教會，總不會承認自己只信奉專業知識，不信奉上帝和聖經，這些教會一般擅長以信仰或屬靈的外衣作包裝，但骨子裏卻徹頭徹尾是世俗專業主義的內涵。那麼，這不是「A貨教會」還會是甚麼？

在專業主義的主導底下，傳道人也不能不把自己的牧職視為一份專業工作。盧雲（Henri Nouwen）在其《建立生命的職事》（*Creative Ministry*）一書中，對牧養職事和專業主義的關係有如下反省：「凌駕於專業訓練之上的，究竟還有甚麼？牧職事奉是否只是眾多助人解困的行業之一而已？」[21] 盧雲想指出，我們正處於一個專業主義與屬靈操練失衡和割裂的年代。面對這種危機，他提醒我們，傳道人的事奉，其實是一種既建立自己生命，也建立別人生命的職事，牧養職事不能跟牧者的屬靈生命脫節，本質上它不是一份專業工作，而是一種生命的見證，是一種從內在生命流露出來的生活方式。當專業主義愈來愈含有精英主義和權威主義的味道的時候，牧養職事卻提醒牧者，他們只是天天背起自己的十字架跟從主，被主呼召的忠心僕人和門徒而已。耶穌並非呼召門徒做好一份專業工作，牧職事奉也不應只是眾多助人解困的專業之一。

一個致力於社區工作的美國學者麥克奈（John McKnight）曾對專業主義作出尖銳的批判，他指各種專業其實是刻意製造一班顧客，令他們以為惟有專業人士的專業知識才能解決他們的問題。[22] 換言之，專業人士可能是故意製造一班需要依賴（或崇拜）他們專業權威的顧客。巴默爾（Parker Palmer；或譯帕爾默）似乎認同麥克奈的分析，他指出以前的年代，一直都是由所屬羣體（巴默爾可能是指教會）的非專業人士，關顧有心靈或精神困擾的人，而並非交由專業治療師來輔導。可惜，今天或者我們已經不再相信羣體牧養的能力，亦已拋棄了羣體關顧的責任，於是才會依賴那些按時收費的專業輔導的權威人士來提供服務。[23] 巴默爾甚至透過說明「專業」一詞的原意，指出「專業至上」是一種病態，他說：「諷刺之處在於『專業者』（professional）這個詞，原本的意思完全不是那麼一回事。究其根源，所謂的專業者，是公開宣稱自己有信仰的人——信仰某個比自己能力更大、智慧更高的存在。真正的專業者絕不會製造別人對自己的依賴。」[24]

6. 識時務者，跟紅頂白

梁款在一篇名為〈慶祝回歸要跟紅頂白〉的文章裏，諷刺香港出現一種政治變色龍的現象：「六七開始，港人抗紅拒白，九七開始，港人跟紅頂白。」[25] 香港六七年暴動時期，由於殖民地警察以催淚彈抗暴，弄到街頭白色的烽煙四起。固然六七暴動亦跟文革有關。因此，如果白色代表殖民鎮壓的白色恐怖，紅色則代表共產黨和文革的紅色暴亂，這就是當年香港人「抗紅拒白」的原因。不過，不少政治變色龍發覺這種「抗紅拒白」的處世策略，在九七回歸後不再適用，識時務者反而要懂得「數臭英朝遺恨，省亮祖國招牌。變色龍要繼續玩香港傳奇，選擇只有一個：大翻筋斗、跟紅頂白」。[26]

香港社會不但出現「識時務者」的政治轉軚現象，同樣也有「跟紅頂白」的「A貨教會」和「A貨信徒」的現象。還記得六、七十年代的香港福音派教會，一般對國內的家庭教會抱持正面和支持的態度，尤其對文革期間被害及為主受苦的信徒和教會領袖，表示極大的欣賞和景仰，反而刻意要跟三自教會和無神論的共產黨保持距離，甚至懷有抗拒、恐懼、甚至敵意的態度。回歸之後，一般香港教會已經逐漸放下了「恐共」和「拒共」的情意結，這本來是好事。不過，近年某些香港教會和信徒，也許跟其他行業一樣要進軍中國謀「商機」，開拓中國這個龐大的福音市場。由於在國內開展愈來愈多宗教事工，於是教會便要跟三自教會和中央政府保持友好關係，甚至在不知不覺之間，可能已變得非常「親建制」或所謂「被河蟹」。

教會實在需要時刻保持醒覺，需要慎防教會被「君士坦丁化」，不要輕易被世俗文化或世俗政權「同化」。教會永遠是被「分別出來」、只向上帝效忠、只歸耶和華為聖、只會實踐天國倫理的另類社羣。

7. 善於空談，行動遲緩

曾有一句嘲諷基督徒「講一套，做一套」的話：「回到教會像隻羊，離開教會像隻狼。」在教會內滿口屬靈和敬虔的口吻，表現出來是一個溫柔良善、彬彬有禮的謙謙君子，可惜當回到日常生活的處境（例如家庭或辦公室）就原形畢露，惡劣的言行表露無遺。甚至有人形容，這是一種近乎人格分裂的偽善，這真是名副其實表裏不一的「A貨信徒」。耶穌卻明顯反對這種「假冒為善」的偽君子行為（參太六 1～6、16～18）。

也許基督徒經常有一種「講咗等於做咗」的心態，或經常被人批評為「講就天下無敵，做就軟弱無力」。我們只懂「講」耶穌，卻不願「作」主的門徒；佈道只重「口傳」，不願以生命見證福音；只喜歡消費性地聽人「講」道，卻無心無力去「行」道；「開口埋口」只會批評教會、論斷別人，卻不會委身服事，建立肢體；只醉心於用理性「講」神學、「解」聖經，卻沒有興趣默觀真理、與上帝同「行」。只會「講」不會「幹」的信徒，豈不是典型的有名無實的「A貨信徒」麼！

對莫特曼來說，神學最首要的就是一種「轉化及更新」的功能，他曾經如此說：「神學家並不汲汲於**解釋**世界、歷史和人性，而是在盼望神聖的更新中**轉化**世界。」[27]「轉化」這詞，具有很強的實踐性味道，神學和聖經詮釋，實在不應該只是一種知性的活動，克拉普也有類似的見解：「所謂聖經詮釋，本質上就是信仰羣體的生命、活動和政治。也即是說，教會不是要應用（apply）聖經，而是要演活（perform）聖經。」[28]

事實上，基督教的上帝並非一位不食人間煙火的存有（Being），祂更加不是一個抽象、靜態的觀念和原理。上帝創造了世界之後，並沒有從人間退隱，祂總會在場（presence），繼續不停地介入人類歷史和參與護佑世界（providence）的工作，祂是一位行動的上帝。

上帝既然是一位行動的上帝，祂也要求按照祂的形像樣式被造的人，同樣是一個行動的存有。巴默爾在其《行動靈修學》（*The Active Life*）中如此強調「行動」的意義和重要性：「要全然充滿生命地活著，就要行動……『行動』不只是有動作而已，還涉及了表達、發現、重塑自己和周遭的世界。我所理解的『行動』，就是任何一種足以同其他生命和聖靈共創現實的方式。」[29]

只喜歡空談，只懂大吹大擂，只講理論，卻欠缺實踐和行動，應該並非上帝的心意。因此，聖經教導我們「行公義，好憐憫」（彌六8）。「公義」並非只是抽象地拿來思考、批判、討論和空談，而是要在日常生活中具體地實踐出來。「憐憫」也不是因「旁觀他人的痛苦」而煽動情緒，以致「心被感動」；我與他人的困苦的關係不應僅是視覺性的，不應只有遠望而沒有近距離的觸及，因為英文compassion（憐憫）一字，原意含有「陪同他者受苦」的意思，乃是進入他者受苦之中與他同在。[30] 事實上，耶穌實踐了為門徒洗腳的行動後，隨即便如此教導：「我給你們作了榜樣，叫你們照著我向你們所做的去做。」（約十三15）

8. 口裏承認，心裏不信

今日的香港是一個崇尚理性的知識型社會，一般人的學歷和知識水平亦愈來愈高，教會內的信徒也不例外，於是影響到我們的信仰也愈來愈理性化。「理性化」既是宗教（或教會）世俗化的重要成因，也是明顯的徵狀。「理性化」就是一個將本來是超越人類理性和超自然的信仰進行「去神祕性」的「解魅」過程。在這種高舉理性主義的文化氛圍底下，不少信徒（靈恩派信徒例外）儘管口裏仍會承認聖經內所記載的超自然神蹟，但究竟有多少人是真心相信，可謂心中有數。格羅舍爾（Craig Groeschel）在《A貨信徒》（*The Christian Atheist*）中描述了下面一個相當諷刺的故事：

> 有一次，一位牧師要求教會向神祈禱，祈求神使隔鄰的酒吧結業。全體教友聚在一起，舉行一次晚間祈禱會，懇求神把鄰近社區從酒吧的凶惡中解救出來。幾個星期後，酒吧被閃電擊中，付諸一炬。酒吧東主聽到教會祈禱軍團的事，很快入稟法院控告教會。法院審訊此案當日，酒吧東主激烈地爭辯，說神用閃電擊打他的酒吧，

> 是因為教會會友的祈禱所致。那位牧師退縮了。否認指控。他承認教會的確有祈禱，不過他也肯定，他的會眾中沒有人真的以為會發生任何事。主審法官……臉上一副既有興致又困惑不解的樣子。最後他說：「真是難以置信。在我前面，有一位相信祈禱能力的酒吧東主，和一位不相信祈禱能力的牧師。」[31]

也許，今天已經愈來愈多教會及信徒，只會口裏承認，心裏卻不相信祈禱的能力。又或者作出祈禱的行為，卻未必真心相信祈禱是重要的，祈禱已逐漸成為例行公事或慣性的動作。也許，那些超自然的宗教經驗或神祕的屬靈經歷，已經逐漸在我們的信仰中隱沒。

9. 虛有其表，無關緊要

不少人從教會的前門進入，可惜亦有不少信徒從教會的後門流失，香港教會信徒流失的現象也愈趨普遍。雷納父子（Thom Rainer and Sam Rainer III）在他們合著的《不可或缺的教會 —— 重獲流失的一代》（*Essential Church?: Reclaiming a Generation of Dropouts*）中，正是探討信徒離開教會的真正原因。書的開頭引述了一個做律師的中產信徒從教會流失的故事，雖然這信徒自小在基督教家庭長大，最終卻離開了教會十五年，他如此分享離開教會的真正原因：「沒有任何重大或負面的事情令我不再上教會，我只是在某個時候感到教會對我的生命並非不可或缺。我想，超過十五年來，情況一直都是這樣。」[32] 當教會對一個信徒來說已顯得可有可無、並非不可或缺的時候，恐怕甚麼事情都已經無關緊要了。「無關緊要」（nothing else matters），表面上說來輕鬆，其實是一個多麼嚴肅和沉重的警號！沉重之處，在於教會表面依然存在，教會好像依舊照常運作，可是它的存在，對某些人來說已顯得無關痛癢、意義不大。「無關緊要」所揭示的，也許正是愈來愈多教會已然淪為「A貨」，只是虛有其表，喪失了真正的內涵，有名無實，教會不成真正的教會！

四 總結：教會生病，與我何干？

教會世俗化是不爭的事實，我們當然也可以批評世俗化下的「A貨教會」與「A貨信徒」的各種問題。誠然，有些教會真的問題多多，甚至已經到了千瘡百孔、病入膏肓、教會不成教會的最壞情況。不過，教會始終是由罪人組成的羣體，有人存在的地方，就自然存在種種問題，這樣說來，哪間教會沒有問題？若真的想教會復興或起死回生，固然實在需要為教會的病情把脈，要敢於對教會的問題作出批判，找出問題的根源所在，然後對症下藥，希望藥到病除。不過，批評是最容易做的事情，而且可以令人感到痛快，但提出改善的良策並且身體力行，才是更積極和急切要做的事。

當我們批評（或投訴）教會生病的時候，我們必須首先自我反省：「為甚麼看見你弟兄眼中有刺，卻不想自己眼中有梁木呢？」（太七3）當教會生病，甚至病重垂危的時候，我們會抱著何種態度問此問題：「與我何干？」保羅再三提醒我們，教會是基督的身體，身體若有病，屬於身體的眾肢體豈能免疫？「若一個肢體受苦，所有的肢體就一同受苦；若一個肢體得榮耀，所有的肢體就一同快樂。」（林前十二26）

註 釋：

1. 格羅舍爾（Craig Groeschel）那本著作的中譯本名稱就是「A 貨信徒」。見格羅舍爾：《A 貨信徒》，黃大德譯（香港：天道書樓，2012）。
2. 韋伯：《新教倫理與資本主義精神》，于曉、陳維綱等譯（北京：三聯書店，1987），頁 79。
3. 韋伯：《新教倫理與資本主義精神》，頁 93。
4. 參 Larry Shiner, "The Concept of Secularization in Empirical Research," *Journal for the Scientific Study of Religion*, vol. 6, no. 6 (1976): 207 ～ 220。
5. 柏格（Peter Berger）：《神聖的帷幕 ——宗教社會學理論的要素》，蕭羨一譯（台北：商周出版，2003），頁 164。文字的強調為原書所有。
6. 柏格：《神聖的帷幕》，頁 130。
7. 柏格：《神聖的帷幕》，頁 186 ～ 187。
8. 參克拉普（Rodney Clapp）：《非凡的凡民 ——教會在後基督教世界的文化身分》，陳永財譯（香港：基督徒學生福音團契，2010），頁 2、11 ～ 12。
9. 參克拉普：《非凡的凡民》，頁 2 ～ 5。
10. 參克拉普：《非凡的凡民》，頁 21。
11. 克拉普：《非凡的凡民》，頁 4 ～ 5。
12. John Howard Yoder, *The Priestly Kingdom* (Notre Dame, IN: University of Notre Dame Press, 1984), 138。文字的強調為原書所有。引自克拉普：《非凡的凡民》，頁 13 ～ 14。
13. 克拉普：《非凡的凡民》，頁 13 ～ 14。
14. 不過根據巴士敦（Paul Basden）的研究，馬鞍峯社區教會屬於「切合尋道者所需」（seeker-sensitive）的教會，而不是「專為尋道者而設」（seeker-driven）的教會，後者固然比前者具有更強的目標導向和效益主義的味道。參巴士敦：《敬拜迷宮 ——尋找適合你教會的敬拜模式》，鄭非兒譯（香港：基道，2001），頁 85 ～ 86。
15. 華里克（Rick Warren）：《直奔標竿 ——成為目標導向的教會》，楊高俐理譯（台北：基督使者協會，1999），頁 196。
16. 華里克：《直奔標竿》，頁 198。
17. 華里克：《直奔標竿》，頁 198。
18. 華里克：《直奔標竿》，頁 364。
19. 這例子引自范晉豪：〈從消費教會到為人燃燒的教會〉，收於葉菁華編：《信仰市場．消費教會 ——消費主義與當今教會》（香港：基督教文藝，

2013），頁 100。

20. 克拉普：《非凡的凡民》，頁 32～33。
21. 盧雲（Henri Nouwen）：《建立生命的職事》，黃偉明、吳秋媚譯（香港：基道，1996），頁 7。
22. 參巴默爾（Parker Palmer）：《行動靈修學》，張玟珊譯（台北：校園書房，2013），頁 88。
23. 參巴默爾：《行動靈修學》，頁 90。
24. 巴默爾：《行動靈修學》，頁 90～91。
25. 梁款：〈慶祝回歸要跟紅頂白〉，收於氏著：《文化再拉扯：跟紅頂白》（香港：香港人文科學，1997），頁 198。
26. 梁款：〈慶祝回歸要跟紅頂白〉，頁 199。
27. Jürgen Moltmann, *Theology of Hope* (London: SCM, 1990), 84。文字的強調為原文所有。
28. 克拉普：《非凡的凡民》，頁 150。
29. 巴默爾：《行動靈修學》，頁 51。
30. 參巴默爾：《行動靈修學》，頁 147。
31. 格羅舍爾：《A 貨信徒》，頁 81～82。
32. 湯姆．雷納（Thom Rainer）、薩姆．雷納（Sam Rainer III）：《不可或缺的教會——重獲流失的一代》，陳永財譯（香港：基道，2009），頁 2。

2

教會遺失了十字架

鄧瑞強

每間教會都有十字架的標誌，但有時見得愈多的東西，其意義愈容易被忘記。

十字架是甚麼？

那首《古舊十架》的歌詞寫得好，這十架乃「羞辱痛苦記號」。但有誰返教會，是為了「羞辱與痛苦」？有哪間教會的建立，是為了叫會眾能承受「羞辱與痛苦」？我們多講「平安與喜樂」，少講「羞辱與痛苦」。「平安與喜樂」固然也是福音的重要元素，但較容易與消費主義合流，將之變成消費行為追求的個人感覺。「羞辱與痛苦」與消費主義追求的目標距離大一點，教會也遠離它多一點。教會還是要「講十字架」的，但很多時會將這古舊十架包裝一下，將其「羞辱痛苦」的性質隱藏起來，多講一點這十架能帶給人的「正能量」。有一次，我參與一間教會的崇拜。崇拜裏，會眾唱著〈古舊十架〉這首歌。鼓聲多麼激昂，電子琴的琴音多麼美妙，他們拍著手，跳著舞，忘我地、快樂地唱。這是一幅甚麼樣的圖畫？那古老山頭，耶穌在十架上流血，下面卻圍著一羣高歌慶祝的人。十字架還是十字架，但不再是「羞辱痛苦記號」的十架，而是鑲著寶石閃閃生光的飾物十架。噢，人見人愛，多漂亮的十架。

一 又愚蠢又無用的十架

十字架是甚麼？

保羅說：「十字架的道理，在那滅亡的人為愚拙；在我們得救的人，卻為上帝的大能……猶太人是要神蹟，希臘人是求智慧，我們卻是傳釘十字架的基督，在猶太人為絆腳石，在外邦人為愚拙；但在那蒙召的，無論是猶太人、希臘人，基督總為上帝的能力，上帝的智慧。」（林前一 18、22～24）

「神蹟」是甚麼？神蹟與「能力」的展示有關。求「神蹟」，就是求靈驗、求即時的果效、求顯出「實力」、求展示「榮耀」。簡言之，就是求「顯赫的成功表現」。

「智慧」是甚麼？智慧與純理性化的思考有關。在現代社會，這可看為是那種經濟化的、賺與蝕的純理性的計量思維。求「智慧」，就是求「著數的經濟效益」。

世人求神蹟，也求智慧，在這種思維下，十架的福音便變成講求「成功」與「發達」的福音。十架不再是「羞辱痛苦記號」，而是和消費社會和商業社會所追求的目標一致的東西。

保羅傳的十架，卻是「無能」的、「愚拙」的。在這個追求「顯赫的成功表現」的世界，保羅的十架卻是沉默的、低下的。這十架不在崇高的教堂的頂部，而在貧民區幽暗的後巷那裏。這十架不在教會的財雄勢大中展現出來，而在遞給露宿者的平凡飯盒中顯明出來。在這個追求「著數的經濟效益」的世界，保羅的十架是不計代價、全然付出的。在這裏，沒有精確的計算，也不會計算花多少錢才能成功地吸納一個教會會員。在這裏，不會介意要花多少資源才能「處理」一個弱能的會友，而會努力作一個好撒馬利亞人，花了時間，花了錢財，冒上種種風險，去照顧一個毫不相識的受傷者。

這種沒有「神蹟」、沒有「智慧」的十字架，在今日還有市場嗎？

在講求「市場」的今天，這十架肯定沒有市場了。我們寧願請來市場學家，使這十架合乎市場需要。我們希望這十架有「市場」。我們希望這十架，看起來是「悦人眼目」的，聽起來是「誘人」的。最大的問題，看來只是沒有好的市場策略，將之推廣一下。我們的「市場異象」看來不夠遠大，推銷手法看來未夠高明，未能製造需求。

看來，若能夠將石頭變餅，我們也會變。畢竟，人的需要是實在的，上帝的旨意不也是關切人的需要嗎？看來，若能從殿頂跳下去而有上帝的使者托著的話，我們也會跳。畢竟，這是一個顯赫而榮耀上帝的神蹟，足能叫萬人歸主。當然，我們不會拜魔鬼而換取萬國的榮華的，但是，若果這個世界的成功神學和市場法則能叫我們成功，能換來少許榮華，則試試這些東西也無妨。

保羅卻說：上帝用那毫不光彩和毫無著數的十字架，去「滅絕智慧人的智慧，廢棄聰明人的聰明」（林前一19）。一個人是「滅亡」，是「得救」，就要看他能否擁抱這個「羞辱痛苦記號」的十架了。保羅說得明白，「十字架的道理，在那滅亡的人為愚拙；在我們得救的人，卻為上帝的大能」（一18）。為了這十字架，保羅被人「看作世界上的污穢，萬物中的渣滓」（四 13），直是一堆一無是處的糞土。保羅言重了？十字架是「羞辱痛苦記號」，保羅只是將背負十架的人形象化地描繪出來。那有言重！

二 沒有十架的信仰

耶穌的呼召是這樣的，祂說：「若有人要跟從我，就當捨己，背起他的十字架來跟從我。」（太十六 24）這與那種「誰要快樂？誰要人生的問題得到解決？誰便舉手」的呼召，有一段距離。跟從耶穌，就是背起十架，跟從他。

耶穌的要求太高了。祂的門徒也說：「這樣誰能得救呢？」（太十九 25）

耶穌的門徒是真誠的人，他們起碼知道這十字架的沉重，他們懷疑誰能背起這十字架。換著是我們，我們不會像門徒那樣問，我們卻會說：「凡願意的，不用付代價，不會有損失，只要舉一下手，便能得救。」我們會將沉重的十架，偷偷地換成無害的心靈安慰、「廉價的恩典」。這裏沒有甚麼是沉重的，因為這裏只有你自己，和你自己的感受，如煙般輕。

二十世紀的德國神學家潘霍華（Dietrich Bonhoeffer），偏要當人在縹緲的信仰夢中睡著時喚醒人。他說：「當基督呼召一個人時，祂是叫他來死。」[1] 這個信息久違了。十字架的重量，我們早已遺失了。潘霍華的話，讓我們記起，那沉重的十架。

1.「廉價的恩典」：讓十架失去重量

十架的重量太沉重了，這是沒有市場的。信仰不是講「恩典」的嗎？我們要巧妙地強化「恩典」，將其中的「十架」因素淘空，將飽含十字架元素的恩典，變成反抗十字架的代價的恩典，將重價的恩典，變成「廉價」的恩典。

如何能作出這種轉換呢？

潘霍華說：「假若我們把路德公式作為我們恩典教義的前提，我們就招引廉價恩典的幽靈了。但路德的公式不是叫我們拿來當作前提的，乃是當作結論。」[2] 按潘霍華的理解，恩典的教義原先是一個罪人多番努力去背起耶穌的十架後才能體會的事情。這個罪人以至死忠心的信仰，承擔十架的艱難，最後，他發現這一切之所以可能，全賴主的恩典。恩典，是他的十架人生所作的結論。然而，只要將這「結論」當成「前提」，則一切便會改變。若「前提」是恩典，則一個罪人是否背起十架都無所謂了。反正都是恩典，我可以墮落至死，仍會在恩典之內。只要以恩典為「前提」，人就可以不用背起人生的種種責任。這是以恩典為擋箭牌，去縱容自己的自甘墮落，去接納自己明知故犯的罪惡。

就是如此簡單，只要輕輕地將恩典從「結論」位置移至「前提」位置，便可以大談恩典之餘，完全遺忘其中的十字架。「我可以仍然像以前一樣，只是現在再加上確信有上帝的恩典覆蓋我而已。」[3] 我們可以繼續過那種未跟從主之前的生活，走同樣的路，只不過現在多了「恩典」的觀念，上帝會以「恩典」祝福自己依然故我的人生。佈道會的決志呼召，不再是「來，背起十架跟從主」，而是「不用代價，全是恩典。你只要舉手，就這麼簡單，便能得到生命的福樂。你不損失甚麼，卻賺得一切。聰明的你，只要計一計，你便知道信耶穌是多麼著數的了」。多麼「著數」的信仰！多麼吸引人的宗教！

沒有了十字架的恩典，當然是「廉價恩典」了。「廉價的恩典乃是我們給予自己的恩典。」[4]這裏，沒有耶穌的呼召，沒有耶穌的要求。有的，只是自己的渴望，只是自己給自己的安慰。有了這種「恩典」，炒股的信徒便能懇切的求上帝祝福他的投機事業，不讀書的學生便能懇切的求上帝讓他撞中考卷的答案。發達了，成功了，是上帝的祝福。這種講求「恩典」的信仰，真好，不用背起十架，甚至不用努力，便能得到人間的種種成功。

「廉價恩典是傳揚不需悔改的赦免，沒有教會管教的洗禮，不用認罪的聖餐，和不必本人親身認罪的宣赦。廉價恩典是不付作門徒代價的恩典，是沒有十字架的恩典，也是沒有道成肉身的和永遠活著的耶穌基督的恩典。」[5]這種恩典，使教會遺失了基督的十字架。

2. 背起十字架來跟從主：基督是主，我們只能跟從

潘霍華說：「門徒的回應乃是順從的動作，不是對耶穌的認信。」[6]他說的「認信」，就是頭腦上的同意接受，卻毫無跟從主的順服行動。「人們以為只要在頭腦上同意那種概念，就可以獲得赦罪」，[7]卻沒有跟從主，過一種離開罪的生活。一種遺失了十字架的信仰，就是人明確地接受十字架的信息，同時又明確地在生活上不受主耶穌的指引而一意孤行。那十字架的信息並不會改變他的人生方向，而是在他自己要走的方向上多加一份自信，一份確信上帝的「恩典」會保守他的自信。信仰沒有改變他，而是他改變了信仰，讓信仰為他自己依然故我的生活服務。他聽不到主耶穌的呼喚，因他要求主耶穌聽他的呼喚，他要求主耶穌成全他自己定下的人生。對他來說，十字架毫不沉重，因為他根本沒有背起這十字架。

福音書記載了一個少年財主問耶穌關於永生事情的故事（太十九16～22；可十17～22；路十八18～23）。這少年財主問：「我該做甚麼善事才能得永生？」潘霍華用了一大段文字去分析這個個案。[8]按潘霍華的理解，這個少年財主認為自己已做了很多好事，只需按著這條做好事的路走下去，便能永生在望。他看來沒有想過，永生之路就是背起十架來跟從主。既然是跟從主，就不能走自己過去的路，而是走主耶穌指定的路。主耶穌的路不是我們過去的路的成全，而是一條全新的路。潘霍華這樣說：

> 假使這少年人以為作門徒就是他過去的行為及求問的最終成全，以為作門徒就是過去生命的最後完成，以為這是他舊生命的補充、完成或達至完美，則他是誤會了何謂作門徒了。為了避免一切誤會，耶穌必須造成一個不能後退的處境，一個不可逆轉的處境。同時也必須向他表明，這絕不是蒙召之前的舊生命的成全。[9]

主耶穌叫這少年財主放下一切財富，跟從祂，這是一條不可回頭的新路，這條新路與這少年財主過去的做人方式、思考方式和追求方式截然不同。這條路不是這財主過去的人生路的成全，而是叫他全然放棄過去的人生路。他很失望，他走了。跟從耶穌，原來不是多做一點甚麼，去達到自己的理想。跟從耶穌，是放下自己對自己的主權，承認耶穌的主權。對現代人來說，這異常艱難，因為現代人的「自我」大得驚人。要放下這個巨大的「自我」，其艱難之處，等於背起沉重的十架。那個少年財主很真誠，他憂憂愁愁的走了。我們可能依然保持開開心心的笑容，背地裏將「主對我的要求」變成「我對主的要求」。我們想，主必然會滿足我們的要求的，因為祂「滿有恩典」嘛。這背地裏的偷龍轉鳳，讓我們能快樂地唱「古舊十架」。

三 遺忘十架的教會生活

我們跟從主耶穌的模式，會塑造我們教會生活的模式。教會生活的模式，又會反過來塑造跟從主的模式。兩者之間，若然是彼此強化背起十架跟從主的信仰的，則是良性互動；若然是彼此強化放棄十架精神的，則可說是惡性循環。不同教會有不同的生活模式，不一而足。但教會生活的某些形態，卻可能有意無意地遠離了那「又無神蹟又無智慧」的十架。

1. 佈道聚會

佈道聚會的形式和內容，最能反映教會的信仰生活的內在邏輯，因為佈道聚會是告訴未信者「我們的信仰是甚麼」的聚會，這是闡述信仰身分的聚會。

從形式來說，相比以前，現在多了需要購票入場的佈道會。以前的佈道會，多在教會內進行。一般而言，所費不多。現在的佈道會，會在「表演場館」內進行，涉及的開支便多了。由於需要購票入場，在市場原則及消費心態下，這佈道聚會的內容便不能沒有「消費品」的元素了。沒有「消費品」的元素，這聚會如何在廣告中被推銷？如何能產生購票的意慾（製造一種「被佈道」的需求）？如何能賣座？不賣座是不行的，因為涉及龐大支出。「消費品」的元素是多元的，可以是令人開懷大笑的演出，可以是動人的音樂表演，可以是感人的演講，甚至可以純粹是一個明星出場。若果這純粹是一種「文化消費品」或「娛樂消費品」，這倒不壞。但若這種「消費品」併合在佈道聚會裏，怎能避免不將佈道內容也變成一種「消費品」？學者麥克魯漢（Marshall McLuhan）說過：「媒介就是訊息」，[10] 以具有「消費品」元素的媒介去傳達一個訊息，這訊息難免會沾上「消費品」的元素。由於需要購票，整個佈道聚會不能不考慮「銷情」。由於考慮「銷情」，內容很難避免不向「顧客」的期望作出一定的調整。若要不賠本，一切便需要精確的計算了。以此而論，無論表面上這聚會的性質是甚麼，其背後的邏輯很難避免就是一盤生意了。這與那毫不光彩又不著數的十架原則相符嗎？

有些教會為了加強佈道效果，將崇拜有意識地變成「佈道式崇拜」。崇拜具有佈道效果，是一回事；將崇拜變成佈道聚會，是另一回事。正如親近上帝，有醫治效果，是一回事；為了醫治效果，而親近上帝，是另一回事。前者，是上帝的作為；後者，是人的盤算。崇拜上帝的時刻，應只有一種意念，就是尊上帝為大，其他一切都要放在一邊。崇拜上帝的時刻，是全然屬於上帝的，我們不能佔用這些時間，去做別的事情，哪怕那是十分神聖的事情。我喜歡唐慕華（Marva Dawn）的一本書的書名，姑且譯之為《浪費時間的王道》（*A Royal "Waste" of Time*）。[11] 崇拜，就是以「王道」去「浪費時間」，這些時間不是讓我們拿來「用」的。這時間有如「燔祭」，全然燒盡，獻給上帝。我們總不能認為這樣「燒盡」，太過浪費，私下留一點來作其他用途。或者，我們想，讓崇拜的內容多一點佈道信息，讓崇拜時間有呼召決志的時刻，讓更多人透過崇拜決志，這不是更榮耀上帝嗎？問題是：我們是否利用了、挪用了屬於上帝的東西，去成就人的某種目的？

至於佈道的內容，關浩然的一篇文章作了一簡明的分析。[12] 在我看來，香港教會的佈道信息，接近關浩然所說的「使我得救的福音」。在這「福音」裏，重點在於我要作些甚麼決定，去解決我的罪的問題。這有別於「上帝國的福音」，在那「福音」裏，重點在於上帝為這受造世界作了甚麼，我們如何才能配合上帝的旨意，成為祂的器皿，為上帝國服務。當然，這兩種「福音」可以相輔相成的，但我們的佈道信息，更為偏向那「使我得救的福音」。這種福音作為一個開始點，使人接觸主耶穌的呼召，也未嘗不可。但若一個信徒不單將這「福音」看為只是一個開始，也把它看為是「福音」的全部，則後果可能很嚴重。

主耶穌的呼召，是呼召我們背起十架跟從祂。跟從祂，就是放下自我，放下我在人生中的自我追求，放下我要走的路，但在「使我得救的福音」裏，「我」靜悄悄地成了主角。耶穌所作的一切，全是為了「我」。[13] 當救恩的一切，都環繞著「我」而轉的時候，「我」的意識便強大起來了。十字架的道理，原先是叫我們放下「自我」的。但在這「使我得救的福音」裏，這個看來放下了的「自我」轉過頭卻強大起來。在這「使我得救的福音」裏，「我」更意識到「我」要解決的問題，更意識到基督為「我」帶來的好處，更意識到「我」能把握的恩典。竟然忘記了，主耶穌叫我們不要留意自己，而要留意祂。竟然忘記了，主耶穌叫我們放下自我，跟從祂。

當「我」太大時，信仰便變成「我」的信仰。這種信徒回到教會，便會要求教會圍著他來轉。他有的是「我」的真理、「我」的遠象、「我」的領受，與他相反的，很可能變成反真理、反上帝的旨意、敵基督了。在太多「我」的教會裏，十字架不單不能拆毀人與人中間的「隔斷的牆」（弗二 14），反而以十字架的名製造更多的牆。

從公眾領域的角度言,「我」的信仰造就了一種「私人化」的信仰。在這「使我得救的福音」裏,關鍵的事,只有「我」獲取「私人救恩」這事,這與我的公開生活無太大關係。信仰不再是一個人公開地跟從主,而只是一個人私隱的身分認同。在公眾生活裏,懷著這種「私人化」信仰的信徒,能長時期向外人隱藏自己的信徒身分,因為在任何人眼中,他的生活方式和不信主的人的生活方式,是完全一致的。能做到這一點,他必須與十字架無關。在他肩頭上的,不是十字架,而是「我」自己的一切。

2. 教會管理

現代教會又要神蹟,又要智慧,但不太喜歡那既失敗、又愚蠢的十字架。

學者衞爾斯(David Wells)這樣說:

> 消費心態之強風已在現代世界吹起兩項相關的革命:治療和管理。前者假定所有人性的邪惡都只是疾病,只要對症下藥,用對了技術,沒有甚麼是醫不好的⋯⋯後者則像世俗運作一樣,假設靠統計、流程圖、官僚組織作出的有效控制,必能達到「以最小的付出得出最大的果效」的理想境界⋯⋯治療和管理的革命聯手,試圖供給人類一種世俗化的護佑,把這世界的控制權從神的手中轉移到管理專業人士和治療師的手裏。[14]

按衞爾斯的觀察,教會愈來愈隨世俗的潮流而走。教會的思維方式，不再是「羞辱痛苦記號」的十字架的方式，而是重視「神蹟和智慧」的「帶來成功而又計算精明」的世俗方式。在這種思維下，成功的傳道人形象，和成功的商人形象是一樣的。「現代傳道人需要的恩賜是：授權、自信心、互動、決策力、出鏡率、實用能力、問責性、辨別力……是個能幹的企業總裁。」[15] 與其一個傳道人懂得加帕多家教父（Cappadocian Fathers）的三一論，不如他懂得用圖表去講解教會發展的流程。與其一個傳道人懂得原文釋經講道，不如他懂得多講幾個笑話。與其一個傳道人懂得沙漠教父的靈修，不如他懂得現代心理學那種激勵人心的技巧。難怪很多成功的牧者，能向商界人士講論成功之道。因為他們在教會裏運用的成功策略，與商界運用的成功策略，並無不同。若商界的邏輯沒有十字架，他們的邏輯同樣也沒有。

一間遺失了十架的教會，它的運作便由世俗之律主宰了。對於這教會，衞爾斯說：

> 技巧已經取代了真理，市場主導的行動已取代思考，個人的滿足感取代了教會的健康，治療性的世界觀取代了教義性的世界觀，不可管理的被可管理的取代了，有機體被組織制度取代了，能管理組織的人取代了能傳講神話語的人，物質取代了屬靈。盤據在這些替代品的中心是一種被膚淺、自我中心的消費主義所引發的個人主義。[16]

沒有了十字架，教會的運作便只是「技術」問題了。技術問題，需要「智慧」解決。現代的「智慧」，便是精確的經濟化計算。這計算要達致的，便是「顯赫的成功」，這便是「神蹟」。我們求「神蹟」、求「智慧」，卻不要那又愚蠢又無用的十字架。為了要運作成功，遺失了十架的教會，便像運作一間公司那樣運作。「教會要經常清點存貨，就像在市場上一樣，老是要問自己：教會供給顧客的『產品』是否能滿足目前『客人的需要』。」[17] 於是，在教會運作上，便不斷要從各方面找來新產品——無論這產品是新的心理技巧、新的管理技巧，抑或是新的靈修技巧——然後便在教會裏銷售。如此，才能保證教會活動的吸引力，也能保證有「消費者」。

3. 生活氣質

為何返教會？因為教會生活令我開心。這差不多是一標準回答。

當教會傳的福音，只是「使我得救的福音」，當教會的運作方式，只是消費主義的方式，則返教會的目的，很難不是「令我開心」的。我去消費場所，不就是尋找快樂嗎？這裏的一切活動，都是開開心心的。難怪衞爾斯說：「現代福音派的最佳寫真也許就是一張無所不在的笑臉，露出一個期待你報以微笑的燦爛笑容。」[18] 這裏充滿愛，但不是那種要犧牲自我、成全對方的十架的愛，而是那種溫情的、以自我的滿足為中心的愛。沒有十字架，沒有痛苦。快快樂樂，開開心心。

在這遺失十架的教會裏，你能快樂地生活下去。崇拜不會沉悶，因為我們能將娛樂和敬拜結合，你在娛樂中敬拜，在敬拜中娛樂，保證你能「享受」敬拜時間。你不要為自己的靈性成長而煩惱，我們有很好的「生涯規劃」，我們有很多社會上的成功人士做你的生涯導師，保證在他們的指導下，你會像他們一樣變成社會上的成功人士。[19] 你不必沮喪，我們有不同的講座，你在當中總能找到安慰。不用背起你的十字架，因為耶穌已為你背負了。你看，上帝給我們是多麼大的恩典。在這恩典裏，我們的幸福是必然的。

遺失了十架，教會便像超級市場。「消費的一方渴求滿足，控制生產的一方則力圖控制。」[20] 若你想「消費」一下「罪得赦免」的感覺，教會會宣告赦免，你不用悔改，也無須行動。若你想「消費」一下「屬靈」的感覺，崇拜時會給你愉悅的詩歌，你會在輕鬆氣氛下感覺到與上帝有深厚關係。若你想「消費」一下「犧牲」的感覺，我們會有「特別捐獻」的環節，你不需要恆常地捐獻，你更不需要成為一個「犧牲自我」的存在，你只需要在「特別捐獻」的環節裏捐一點錢，我們會將你的名字公告天下，別人會認為你偉大，但最要緊的，是你感到自己偉大。在這「超級市場」裏，每個人都盡情消費，每個人都得到想得到的滿足。快樂地唱「古舊十架」吧，因為假借十架的名義，我們可以享受這一切。

「當代教會生活的一大特色就是，有很多人嘗試藉著修補架構、崇拜方式、公眾面貌以醫治教會的病。這就充分證明，現代性已經成功地向我們騙賣它的詭計，它使我們相信神本身比組織和形象次要，而教會的健康繫於流程表、便利與否和她所提供的服務質素，勝於她內在的生命、靈性的本真性、道德的強度，以及如何理解對世界說神的話的意義⋯⋯誤以為表面的改變就能帶來湧流在深處的改變。一羣有創意的市場專家或許可以藉著修飾形象和產品包裝，來重振一門搖搖欲墜的生意。」[21]

尼布爾（H. Richard Niebuhr）論自由派的神學時說：「有一位沒有震怒的神，藉著一位沒有十字架的基督，將一羣沒有罪的人，帶進入一個沒有審判的天國。」[22] 或許，尼布爾的說法也適合於我們今天的教會。而衞爾斯則說：「今天福音派的根本問題是：神在教會裏太沒有地位了。祂的真理顯得太遙遠，恩典太平凡，審判太仁慈，福音太廉價，而基督則太普通。」[23] 尼布爾的說法和衞爾斯的說法，哪個更能道出我們教會的面貌？

四 遺忘十架的倫理

主耶穌呼召我們，背起十架來跟從祂。這當然有別於世界對人的呼召。世界呼召人，要成功，要著數，要神蹟，要智慧。

1. 不屬世界的十字架

若果十字架的道理能迎合世界的道理，耶穌便不用死在十架上了。「……假如我們相信並遵行登山寶訓的教導，它就會令我們變得不一樣，並向我們展示出這個世界是異類的（alien），是一處奇特的地方；在這地方裏，其他人認為合理的東西，都會被證明是敵擋上帝在我們中間所做的一切事情。耶穌並不是因為說了或做了所有人都認為合理的事情而被釘十字架的。」[24]

看來，十架和世界，互相對抗。正如保羅說：「但我斷不以別的誇口，只誇我們主耶穌基督的十字架；因這十字架，就我而論，世界已經釘在十字架上；就世界而論，我已經釘在十字上架上。」（加六 14）就此而論，耶穌呼召我們，真的如潘霍華所言，是呼召我們去死。從倫理學角度而言，侯活士（Stanley Hauerwas）和韋利蒙（William H. Willimon）說得坦白，「對我們而言，世界早已結束了」。[25]

背起十架跟從主，就不是背著世界的種種計劃和想法跟從主。作門徒的訓練，就是「訓練我們要放棄那些我們嘗試保存世界及賦予世界意義的諸種方法，即那些在耶穌裏被終止的諸種方法，並訓練我們按著上帝對世界的方向與意義所作的理解而活，即是，按著上帝的國度而活……當然，十字架成為我們的記號」。[26]

十架倫理之所以可能，不是建基於十架本身的合理性，而只能建基於釘死在十架上的基督所顯明的上帝的真面目。世人憑自己的智慧，不可能認識這位上帝，因為這位上帝呈現自己的方式，全然不合乎人的智慧。十字架，毫無人的智慧可言。世人憑自己的智慧看不到上帝，他們建構的倫理，與死在十架上的基督要求門徒順服的倫理，當然有天淵之別。

世人的倫理講求合理性，在現代社會，這種合理性就是經濟學式的合理性，一種計算的合理性，一種賺蝕的計量。強調的是「自我」的理性運作，追求自主（我與他者本體上毫無關連），講求自律（不是 self-discipline 意義的自律，而是 autonomy 意義的自律，我不聽從任何人，我只聽從自己），目標是「自我完成」。「自我」成為價值的最高準則。「我」可以犧牲自己去幫助他人，如果這犧牲行動合乎某種「計算理性」，又或能助我「完成自己」。若果滿足不到這些要求而又要求我犧牲的話，則是干犯「我」的「權利」。你敢干犯我的權利嗎？現代社會或現代教會，怎敢干犯一個「超強自我」的「權利」。那種「我們堅固的人應該擔代不堅固人的軟弱，不求自己的喜悅」（羅十五 1）的十架倫理，在教會裏慢慢消失了。「你能放下己見，與人合作嗎？」「不，我有我自己的立場，我看不到他的立場比我的有理。」「你能寬恕他嗎？」「不要說這東西，我只要求他作等價賠償。」「你能少吃一點，讓那較貧窮的朋友多吃一點嗎？」

「我付了相同的錢，吃多少，由我自己決定。」

沒有了十字架，教會變成一羣追求「自我」的人，走在一起，抒發著「自我」的情緒，唱著「自我」的歌，炫耀著上帝對「自我」的祝福，實現著快樂的「自我」。

2. 試圖將十字架合理化

「你們聽見有話説⋯⋯只是我告訴你們⋯⋯」，主耶穌在登山寶訓裏，展示祂的倫理與世人倫理之別。但我們試圖説：「你們聽見耶穌這樣説⋯⋯只是世界告訴你們⋯⋯」，我們試圖將十架倫理合理化為世人的倫理。

「有人打你的右臉，連左臉也轉過來由他打」(太五 39)，耶穌如此説。這説法聽起來，毫無道理。要讓會眾明白及接受，我們要多講一點道理。他們明白及接受世界的道理，便得用世界的道理向他們説明。「噢，耶穌這樣説，是教我們如何贏得朋友。在這世上，多一個朋友總比多一個敵人好。耶穌教我們不要計較，多蝕一點。要贏取朋友的心，必要攻心為上。」當然，我沒聽過人真的這樣説，但將主耶穌的倫理要求，轉化為合乎世界想法的合理要求，則大有人在。

侯活士和韋利蒙説：

> 但對於登山寶訓的倫理學，其基礎並非甚麼是有效的，而是上帝究竟是怎樣的。耶穌並非鼓吹「轉過臉來」是有效的方法(它多數是行不通的)，而是強調上帝就是這樣的——上帝以恩慈善待那些忘恩負義和自私的人。這不是為達到我們所想要的而被使用的策略，而是我們惟一可得到的生活方式；我們在耶穌裏已看見上帝

> 所想要的。我們要尋求與鄰舍復和，並非因為我們在之後會感受好得多，而是因為復和正是上帝在基督裏於世界中所做的事。[27]

他們又說：

> 登山寶訓從未提過，作門徒的方式是「理性的」(rational)。耶穌坦白地承認，祂的方法是有違我們所聽過的所有事，及所有自然地、理性地發生的事。「你聽說過……但我卻說……」那些走在這窄路中的人，將會被其他人視為「狂熱分子」，是極為不理性的，因為他們甘願放棄他們對合理性、獨立性與美善所具有的個體主張，而試圖順服一位像上帝一樣的主人，即一位「以恩慈待那些忘恩負義的又自私自利的人」的主人。[28]

我們忍受不了十字架的倫理要求，因為它是多麼「不合理」，或者說，「不合常理」。這十架倫理，實踐起來，很不「著數」；講出來，很「愚拙」。在現代這講求成功，講求吸引聽眾，講求有合理回報的教會生態裏，面對十架倫理，一就是將之翻譯成合乎理性的世俗倫理，一就是索性不去談它。講台的信息，多講心理學式的安慰，少談十架倫理的要求。教會塑造更多心理上實現自我的人，更少在社會上有感染力的倫理人。教會遺失了十架倫理。

3. 一個倫理個案

侯活士和韋利蒙提出一個簡單個案，讓教會思考怎樣處理。一個十五歲的少女會友懷孕，教會當如何處理？

一般教會的處理方法，依據的原則可能是：理性的、計算利害的、要求「個體自我」全面承擔「自我」責任的、或訴諸政府幫助等種種實用原則，但卻很少想到十字架。

侯活士和韋利蒙說：

> 我們無法對十五歲的孕婦說：「墮胎是罪。這是你的問題。」反而，這是**我們**的問題。我們必須問我們自己，我們要成為怎麼樣的教會，以致能幫助平凡如她的人，能成為耶穌呼召她所要成為的那種門徒。更重要的是，她在羣體中存在，這能夠讓教會有非同尋常的機會好成為教會，並誠實地檢視我們自身的確信，好察看自己有否忠於這些確信而活。我們不會視她為某些迫切要被解決的社會問題，藉以消除我們自身對她所要負的責任，以及消除我們為她作出任何犧牲的需要（因為我們的故事教導我們，要尋求這樣的責任和犧牲，而不是透過政府的幫助來逃避它們）。反而，我們乃蒙受恩典，能夠視她為上帝的一份禮物，為要幫助平凡如我們的人，去發現教會是基督的身體。[29]

這一大段文字，道出了教會的「社羣性」、「基督性」、「為他性」。教會，就是那些背負十架的信徒在愛中結合而成的十架羣體。教會向世界表明，世上乃是有信仰羣體，能夠活出那種異於世俗倫理的十架倫理的。問題只是：教會是否遺失了十字架？

五 結語

來，讓我們再唱這首歌：「各各他山嶺上，孤立古舊十架，這乃是羞辱痛苦記號；神愛子主耶穌，為世人被釘死，這十架為我最愛最寶……」

註釋：

1. 潘霍華（Dietrich Bonhoeffer）：《追隨基督》，鄧肇明、古樂人譯（香港：道聲，2002），頁 63。
2. 潘霍華：《追隨基督》，頁 21。
3. 潘霍華：《追隨基督》，頁 19。
4. 潘霍華：《追隨基督》，頁 12。
5. 潘霍華：《追隨基督》，頁 13。
6. 潘霍華：《追隨基督》，頁 27。
7. 潘霍華：《追隨基督》，頁 11。
8. 潘霍華：《追隨基督》，頁 41 ～ 47。
9. 潘霍華：《追隨基督》，頁 46。這段文字按英文譯本重譯，見 Dietrich Bonhoeffer, *Discipleship*, trans. Barbara Green and Reinhard Krauss (Minneapolis, MN: Fortress Press, 2001), 73。
10. 參 Marshall McLuhan, *Understanding Media: the Extensions of Man* (Cambridge, MA: MIT Press, 1994), 7 ～ 21。
11. Marva Dawn, *A Royal "Waste" of Time: The Splendor of Worshiping God and Being Church for the World* (Grand Rapids, MI: W. B. Eerdmans, 1999)。將這書名中譯為「浪費時間的王道」是我的學生楊肇康同學提議的。
12. 參關浩然：〈佈道——如何佈？佈何道？道何干？〉，收於鄧紹光編：《教會不成教會》（香港：基道，2012），頁 149 ～ 173。下文相關的分析，依據這篇文章，以後不再注明了。
13. 在上帝論或基督論裏，有所謂"God for us"或"Christ for us"的說法。但上帝或基督的這種「為了我」或「為了我們」，重點在上帝或基督的「為他性」、「自我犧牲性」、「愛性」。這與這裏所說的「耶穌所作的一切，全是為了『我』」要表達的重點無關。這裏的重點，是「我」成為焦點。這個「我」，不是「為他人犧牲」的「我」，而是「別人要為我而犧牲」的「我」。

14. 衞爾斯(David Wells):《孤獨的神——後現代的福音派信仰危機》(香港:天道,2003),頁 51。
15. 衞爾斯:《孤獨的神》,頁 61。
16. 衞爾斯:《孤獨的神》,頁 73。
17. 衞爾斯:《孤獨的神》,頁 62。
18. 衞爾斯:《孤獨的神》,頁 23。
19. 以上觀念參考衞爾斯:《孤獨的神》,頁 22。
20. 衞爾斯:《孤獨的神》,頁 51。
21. 衞爾斯:《孤獨的神》,頁 25。
22. H. Richard Niebuhr, *The Kingdom of God in America* (New York, NY: Harper Torchbooks, 1953), 191 ~ 192。轉引自衞爾斯:《孤獨的神》,頁 70。
23. 衞爾斯:《孤獨的神》,頁 25。
24. 侯活士(Stanley Hauerwas)、韋利蒙(William H. Willimon):《異類僑居者——有別於世界的信仰羣體》,曾景恒譯(香港:基道,2012),頁 75。
25. 侯活士、韋利蒙:《異類僑居者》,頁 95。
26. 侯活士、韋利蒙:《異類僑居者》,頁 91 ~ 92。
27. 侯活士、韋利蒙:《異類僑居者》,頁 88。
28. 侯活士、韋利蒙:《異類僑居者》,頁 104。
29. 侯活士、韋利蒙:《異類僑居者》,頁 83 ~ 84。字體的強調為原文所有。

3

論基督徒與中國民間宗教教徒的相似性[1]

蘇遠泰

一 緒論

宗教是人類文化的一部分，更有人說，宗教是人類文化的起源。著名的宗教現象學學者伊利亞德(Mircea Eliade)說：「人類文化的開始都是源於宗教經驗」，由宗教經驗產生對世界作本體性的理解是人類文化產生的源頭，例如建築、藝術、詩歌、舞蹈、耕植、漁獵、性事、語言等都是起源於宗教經驗、宗教經驗的反映和宗教經驗再展現的結果，故此伊利亞德說：「當宗教史學者愈近(文化)源頭，他接觸的愈是宗教的事情。」[2] 基督新教(Protestant)神學家田立克(Paul Tillich)認為宗教與文化之間有著一種「本體與形式」的關係，他說：「作為終極關懷的宗教，是賦予文化以意義的本體，而文化則是宗教基本關懷之自我表達的總和。簡而言之，宗教是文化的本體，文化是宗教的形式。」[3]

古往今來，東西南北，只要有人類居住的地方，差不多都可以找到宗教的蹤影。但甚麼是宗教呢？對宗教的定義，歷來就有許多不同說法。定義者按其自身的「視域」(horizon)和學術訓練，往往從某一個框架來討論宗教，並從不同的範圍和角度來定義宗教，例如著重宗教的社會向度、人性的心理運作、政治影響、歷史呈現、文化系統、神祕經驗、神人關係等，不一而足。[4] 若定義是較為寬鬆的，就容易把不是宗教的學說或主張(例如馬克思主義)也包括在宗教之內；若定義是較為嚴謹的，則把一些世人均認為的宗教也剔除於外(例如小乘佛教)。[5] 施萊馬赫(Friedrich Schleiermacher)把宗教定義為「敬虔」和「絕對依賴」，[6] 奧托(Rudolf Otto)則把它定義為對神聖者的「畏懼和著迷」，[7] 田立克則視之為「終極關懷」；[8] 中國學者梁漱溟認為，宗教就是以超出於理性知識之物來在人的情志方面尋得安慰勖勉的東西。[9] 雖然他們各有道理和依據，但恐怕都有某種論述上的偏頗，掛一漏萬，當中尤其容易把中國民間宗教排除於宗教之外。

當基督新教傳來中國之時，就有不少傳教士認為中國沒有宗教，中國只有迷信、滿天神佛，又沒有宗教組織，教義眾說紛紜——他們主要批評的是中國民間宗教(或稱地方宗教/原始宗教)。[10] 更有不少基督宗教的學者和牧者，把基督宗教視為「信仰」，中國民間宗教則被矮化為「習俗」或「禁忌」，屬於傳統文化的現象，間接否認其宗教地位。[11] 西方在十九世紀興起的宗教比較學(comparative religion)，雖然不至否定中國民間宗教的宗教身分，但亦不是公允地比較不同宗教的異同和優劣，而是主要站在西方文化或宗教中心的立場，努力論證基督宗教較其他宗教優異之處。[12] 研究中國宗教社會學的先驅楊慶堃教授在其名著《中國社會中的宗教》(*Religion in Chinese Society*)一書內指出，中國民間宗教是宗教而非僅僅是習俗或禁忌，只是它有別於西方基督宗教的形態，除了不同地區會禮拜不同的神明外(城隍的信仰便是一例)，[13] 祭祠祖靈更是每個中國人自小就學會的宗教禮儀。中國民間宗教並非有組織的宗教，而是採取「分散性」(diffused)的模式，「被神學性地、儀式化地和組織化地滲入世俗團體中」。[14] 從狹義的角度，民間宗教是指那些不屬於制度性宗教(例如道教、佛教)的民間信仰內容；從廣義説，指中國老百姓按照他們的理解，在生活上所信奉的一切神明(包括祖靈)，為了求得生活的安寧和心理的慰藉，所膜拜的包括佛教的菩薩、道教的神仙、宇宙萬物、歷史偉人，甚至是虛構人物(例如《西遊記》的孫悟空、《水滸傳》的時遷)。[15] 秦家懿則簡單地指出，研究中國宗教就是研究在中國境內神人之間的連結。[16]

按筆者的理解，中國民間宗教從社會功能和信徒心理的角度看，都是非常「宗教的」(religious)，亦是筆者所尊重的一種宗教信仰形態。但從傳統基督宗教的神學角度看，中國民間宗教禮拜多神，而所禮拜的亦是假神或偶像，當然不會是甚麼好東西。神學家巴特(Karl Barth)雖然從沒有接觸過大部分非基督宗教(包括中國民間宗教)，但他就是從啟示的角度指出，一切宗教(包括基督宗教)都是不信、都是離開耶穌基督的。只是基督宗教因有耶穌基督及其啟示，所以基督徒能知道自己信奉的是「假」宗教，再加上有基督拯救他們，所以給人的感覺始終是基督宗教較為優勝。[17] 當然，這樣的結論是站在西方文化霸權的角度來矮化中國民間宗教，為現今宗教研究的學者所質疑。[18] 當然，作為一個基督徒，自然認為基督宗教較其他宗教(包括中國民間宗教）優異，否則，為何仍是基督徒呢！

若果不從信仰的對象（上帝／神明／菩薩）和信仰的來源（啟示／創作）的角度看，而是從信徒的信仰心態及追求的角度看，我們會發現，基督徒與中國民間宗教教徒其實有不少相似之處。海德格（Martin Heidegger）的現象學告訴我們，要真正了解事物自身，就需要從事物所呈現的去了解它們，而不是我們以別於它們自身的方式、概念去了解。「讓那顯示自身者正如它顯示自身般地被看見」，應用在「基督徒」身上，意思是不應按某某概念／理論／神學去看甚麼是基督徒，而是讓基督徒把自身是甚麼呈現出來。[19] 若從此角度看，不難發現，不少基督徒與中國民間宗教教徒，在每天生活的具體信仰表達和表現上，其實十分相像，甚至有如親屬般相似，好像「兩兄弟」般。本來不同宗教的教徒有其相似性是十分正常的，不足為奇，這可能是基於他們有共同的人性；只是，基督徒往往認為他們的信仰是獨一無二的，不單他們所信奉的上帝是獨一無二，連他們的信仰內涵和信仰表現也是獨一無二的。不少基督徒看不起信奉民間宗教的鄰舍，以為他們大多是為名為利、自私自利、盲目無知；拜神要不是想發財，就是想神明保佑闔家平安，[20] 因而是重利輕義的，跟基督徒重義輕利的性格有天壤之別。[21] 但從基督徒的自我呈現來看，實情真的是這樣的嗎？

其實，只要稍微誠實地面對今天教會內信徒的表現，就可以輕易發現，無論是追求的內容和方法，基督徒跟民間宗教教徒都是十分相似的，甚至可以被認為有親屬關係！本文往下部分，嘗試簡單地從兩方面，稍稍說明基督徒跟民間宗教教徒的表現是如何相像。往下部分只是筆者的觀察和反省，相信並非事實的全部，若讀者發現所討論的與你無關，筆者為你感恩；

假若讀者進一步認為筆者所說的全屬子虛烏有、胡說八道，筆者樂意向大家賠個不是，與大家一起感謝上帝。

二 重義輕利抑或重利輕義

1. 中國民間宗教教徒的重利輕義

楊慶堃曾到中國各處從事深入的田野考察，他指出中國民間宗教是十分功利的。中國人拜祭祖先固然有孝道的意味，但維持家族成員間的凝聚力才是首要的，因此家族「需要強調特定的共同利益、制定一系列約束成員的規章制度以及相關的價值觀和儀式」。[22] 另外，傳統社會的祕密結社，雖以「結拜」儀式（例如拜天地、拜祖神）把家族的血緣延伸至社團的成員，但無非是「可以起到加強團體成員的團結和忠誠的作用」。[23] 另外，中國人拜神是相當功利的，他們會因著不同的身分需要、職業需要、現實需要，而膜拜不同的神明，為的是希望可以帶來風調雨順、豐衣足食、兒孫滿堂。傳統中國廟宇祭祀的主神，大致可分為五類：掌握天氣的神、控制水的神、蟲神、畜神、樹神，都是跟中國的農務有關的。例如農民最怕蝗蟲成災，因此膜拜蟲神（其倡導者為劉猛將軍）是確保收成豐足的方法，至少官員可因此而喚醒民眾多加注意蟲害。[24] 另外，中國的各行各業均有其守護神，工匠膜拜魯班，醫師膜拜華佗，漁民膜拜天后等等，而財神膜拜更是無處不在，「成為中國各階層最普遍的宗教儀式，尤其在以牟利為目的的商人中間更加突出」。[25] 正因民間宗教教徒是如斯重利，他們可以因為要追求獲得利益，在依託神明的忠誠上雜亂無章，甚至膜拜邪神也無關要緊。[26]

儒家和佛家思想正好調和民間宗教的重利思想，例如儒家的倫理規範和佛家的因果報應之說，都可以為宗教膜拜添上道義的追求。例如在香港元朗八鄉古廟門前有對聯寫道：「素行為非何必到此地燒秉燭，有心作善自然護爾法雨慈雲」；民間流傳的佛教《三世因果經》亦強調：「欲知前世因，今生受者是；欲知後世果，今生作者是」；即或是道教神祕的扶乩，也不乏勸善之說：「文人雅士看之，其善益深；俗子愚夫觀之，其心日廣。使能旦夕不忘，作善與書永垂不朽」。[27] 但不難發現，「重義」的原因仍然離不開「重利」——想獲得世上的利益，因而知道除了敬虔地膜拜神明外，還需要踐行神明所定規的行為，討神明的喜悅（佛教則表明需要符合「種善因得善果」的機械性原則）。基督徒可能看見民間宗教教徒「劏雞殺鴨」、焚香頂禮，大多都是為了追求靈驗，追求自身的利益，例如加薪升職、子女學業有成、尋獲意中人、闔家平安、中彩票等，因而便貶低他們為迷信、低俗云云，而不像基督徒般以追求公義、慈愛、認識上帝、建立上帝的國為己任。[28] 張佳音就直指中國民間宗教教徒是功利的，他們著重實利，所解決的亦只是肉體的需要，「只想眼前靈驗、有求必應、解決即時問題，無心思想永恆真理、靈魂歸宿……」。[29] 筆者無意在此為民間宗教教徒平反，只是想指出，今天基督徒所表現的真的有很大差異嗎？

2. 基督徒重義輕利？

究竟基督徒是否因為得到了上帝的拯救和啟示，而能達到看重人的生命而輕視個人的利害得失呢？讓筆者列舉數個真實例子。

某教會雖然努力發展青少年事工，尤其是栽培教會子弟的靈命成長、聽信福音，卻對一個染了金髮、行為粗魯的輟學青年毫不寬貸，長執（或他們的配偶）向傳道人/導師施加壓力，要求盡快趕走此人，免得自己的子女學壞不長進，尤其害怕子女習得粗言穢語。子女的個人成長和成就，較福音的傳揚和生命的造就重要。

某些教會於每次聚會都鼓勵信徒尋求上帝的醫治，要他們相信主的大能大力。主當日既然可以醫治瞎眼、瘸腿、血漏等各樣疾病的人，祂今天同樣可以醫治世人。我們今天不得醫治，是因為我們沒有信心，又沒有追求醫治的心，或仍犯上罪惡，只要我們認罪悔改，相信主耶穌的能力，我們就可得醫治。所以，我們需要祈禱，需要向上帝不住的呼求，獻上敬拜讚美，得蒙上帝的悅納，病就可神蹟地痊愈。至於約伯所說的「難道我們從上帝手裏得福，不也受禍嗎？」（伯二10），主耶穌所說「在世上，你們有苦難；但你們可以放心，我已經勝了世界」（約十六33），保羅所說「我也將萬事當作有損的」（腓三8），「不但如此，就是在患難中也是歡歡喜喜的；因為知道患難生忍耐」（羅五3）等，均叫我們通過苦難，體會人生的無奈和經驗上帝的恩佑，恐怕就市場不大了，只成了「求仍不得醫治」的事後解釋。

根據二〇〇六年的統計，累計新來港的國內人士約有二百三十萬人（佔香港整體人口約百分之三十三點五），[30] 但根據「香港教會更新運動」在二〇〇六年的報告顯示，超過六成教會並沒有新來港人士，擁有十人或以上新來港人士的教會，在全港眾教會的數目之中，不超過百分之三！[31] 有服事基層的傳道人曾批評教會，只願意花資源在二十至六十歲有學識有工作的信徒身上，因這羣信徒可以令教會有經濟效益上的增長，而不願意接觸基層人士。[32] 按一個在將軍澳牧會多年的牧者所說，在二〇〇九年將軍澳共有四十八間教會，只有兩間是有心志牧養基層人士的，雖然在二〇一三年已增加到五至十間，但教會的中產化追求和趨向仍然是明顯的。不少教會只想自己快快樂樂地辦團契，而不願意或認為自己無能力牧養基層的信徒，反映他們只想從福音獲益，當要付代價時則刻意遺忘，有顧利忘義之嫌。

不少教會所辦的福音性聚會，都是很少講付代價，只講因信稱義，信耶穌有永生，信耶穌蒙祝福。尤其是不少大型的佈道會，都是以成功、卓越、幸福、醫治、祝福來吸引聽眾，強調只要相信主耶穌之名，就可以先與上帝和好，繼而可以承受永生的福樂，在地又有上帝的看顧和保守。總而言之，信耶穌，有著數！[33] 至於付代價、背起十架、行公義好憐憫、看顧弱勢羣體之類的教導（參太十 42，二十五 31 ～ 46），大多在佈道會和主日崇拜的信息中消失。

更誇張的兩個例子：在一次某某商人團契的祈禱會裏，某商人竟然大聲喊叫，祈求主耶穌令他可以賺大錢，如此他便可以有錢奉獻給教會；另外，有一個基督徒告訴筆者，她曾聽過有某信徒求主給他一個股票「冧巴」，[34] 讓他可以炒賣股票賺錢，情況跟一個民間宗教徒求黃大仙保佑他「六合彩」中獎沒有兩樣。

筆者相信上述例子絕非偶然，雖然不至於必然如此，卻具有相當的普遍性。基督徒雖然有聖經的教導，但對聖經所教導的義理、誡命卻似懂非懂，要不是刻意遺忘，就是索性從不去認識。但對上帝的賜福、應許、祝福、醫治卻不會忘懷，誠懇祈求，深信只要有信心，就必能成就——若果不是因為他們每星期天也返教會聚會崇拜，我們還可能以為他們是中國民間宗教教徒呢！

3. 基督徒應該是重義輕利的！

其實，上述的現象不單發生在今日香港，在上世紀三、四十年代的德國也有類似的光景。當時的德國神學家潘霍華（Dietrich Bonhoeffer），就曾以「廉價恩典」形容那些沒有代價的恩典：信徒無需為罪而憂傷，信主前跟信主後的生活態度一樣，沒絲毫改變；只關注信主後有甚麼好處和利益，卻不強調信主後應該承擔怎樣的代價和如何作出回應。潘霍華一針見血地指出：

> 廉價恩典是傳揚不需要悔改的赦免，沒有教會管教的洗禮，不用認罪的聖餐，和不必本人親身認罪的宣赦。廉價恩典是不付作門徒代價的恩典，是沒有十字架的恩典，也是沒有道成肉身的和永遠活著的耶穌基督的恩典。[35]

當時的基督徒把上帝的恩典視為世界共有的財產，人人可以輕易獲得，並無付代價的要求；假若聖經或教會要求信徒付代價，也只是對教會邊緣的修道院修士說的，不是對一般信徒說的：

> 修道主義被視為個人的成就，不是一般平信徒所能望其項背的。教會將耶穌的誡命要求限於一小羣專家的身上，以致發生那種極不幸的雙重標準的觀念——將基督徒的順服劃分為最高和最低的標準。[36]

潘霍華十分反對上述的現象，他按馬丁．路德（Martin Luther）所主張的，認為上帝在聖經內的教導不是少數蒙揀選的人的成就或功德，而是對所有基督徒的命令，不應因人而異。信徒信主後應該繼續活在世上，但卻要像修士般努力在世上活出基督徒的責任。[37] 路德深深明白憑信稱義雖然指出上帝的救恩是白白和無條件的，但所強調的不是人在尋找自己的益處，而是「這恩典需要他的生命作代價，而且必定每天繼續向他索取同樣的價錢」，[38] 亦「只有撇下一切來跟從基督的人，才有資格説他唯獨賴恩典得稱為義」，[39] 而「那些欲利用這恩典以避免跟從基督的人，只是自己欺哄自己罷了」。[40]

潘霍華正確地指出，基督徒的生命是需要付代價的，付代價的生命，才是上帝要求的生命，才可以顯明與基督的恩典相稱。無論成敗，當我們在努力過後，才可以總結説人得以稱義，全是上帝的恩典；而不是在沒有付任何代價的行動之前，就以恩典為前提，説上帝會因為人的相信而稱人為義，無需付任何代價——恩典的教義乃是信徒踐行後的結論，而不可以是前提！[41] 其實，路德亦曾教導信眾：

> 我們雖然不能把我們所受的苦當作功德，或者當成贏得救恩的方法，但我們必須背著十字架來跟從他，為要效法他的榜樣。因為神的旨意不但要我相信被釘十字架的基督，而且我們也必須與基督同釘十字架，與他一同受苦，正如他在福音書中多次所説的。[42]

原來，基督宗教要求信眾在地上要行公義、好憐憫、背起十架，為上帝、為別人和為自己的罪付代價，為福音的廣傳而盡心，為上帝誡命的執行而努力……這些均屬於「義」的事。世上的利益可以是信徒所渴望的，但利益肯定不是信仰的重點。基督宗教跟民間宗教在利與義之間的著重點理應不同，但看來只存在於理想化的討論層面上，從現實的呈現上看，它們的教徒卻仍是十分相似的。

三 求神問卜與尋求上帝的旨意

1. 儒生也求神問卜呢！

按楊慶堃的研究，清末民初的儒家學者都是篤信宿命論的，例如曾國藩等清朝高官，也通過扶乩、占星、相面、相手的方法來測定世情、自身命運、屬下的人格，更希望藉著種種的術數方法，改變前程和不幸。楊慶堃說：「因此，當代的儒家學者篤信宿命論，不僅僅是把它當作加強人類道德的工具，而且把它作為一種在人類事務中起決定作用的超自然的觀念。」[43]

當中國人通過種種理性的方法，也無法掌握有關人事和自然現象的發展趨勢時，他們就往往藉著占卜的方法，引入超自然的力量，揭示世情和人事的種種，讓自己得知事情的往後發展，得以在危機中尋求自信、指引和安慰，也就是藉著神明之名來解決情感衝突和激發自信。中國歷史上曾出現一些社會動亂，連法律和官方的權威也無法壓制，最後卻通過「神明的聲音」才能終止民眾的紛亂。[44]

儒家雖然著重人的心性，強調天人合一/天一合德，如孟子和王陽明強調人的良知，是人人與生俱來、先驗和普遍的；但現實中的儒生卻往往借助神明的口說出種種道德的規範，他們相信以外力來制約人的行為看來更為實際。因此，中國的民間傳統相信冥冥之中有一主宰，明察人的善惡行為而施報——施報並非無意識的自然規律（因果律），而是有一具意識的主體（司過之神），按人的功過的輕重施予相應的賞罰。[45] 例如《論衡・祀義》就說：「作善者降百祥，天神佑之；作惡者降千災，鬼神禍之。天之報善罰惡，捷於影響。」道教接受了儒家的道德規範，藉著扶乩之術，[46] 以神明的「啟示」把儒家對世人的道德要求，透過超自然的力量頒布出來。例如早年的香港黃大仙祠，雖然以扶乩之法為病者問藥醫治眾生，但在乩文中往往有勸善的工作：「……只疫氣流行，萬民之劫運也。只因近日人心不古，每作奸詐淫邪，至干天怒，故命疫神下界，以誡此等人。」[47]

儒生和道士均接受求神問卜，此等觀念在中國民間宗教更發揚光大，信眾通過求籤、問杯等等較為簡單的方法，[48] 在自身、家宅、婚姻等與個人利益有關的事情上，尋求神明的指引，希望能萬事亨通、逢凶化吉，在不違天命的原則下，尋覓自身最大的利益。信眾虔誠地求問的目的，就是想預知未來事情的發展，神明首肯甚麼，不喜悅甚麼，又如何可以改變神明的心意，讓自己可以掌握明天。

2. 基督徒更迫切地求問上帝的旨意

就筆者所接觸的大部分基督徒，民間宗教教徒所採用的「問卜方法」並沒有被採用，但基督徒「求神」的迫切度就絕不遜色了，他們有自己「問卜」的一套。以下的例子相信大家絕不陌生。

當某姊妹與男朋友分手後，就會被人認為是因為在開始拍拖之前，沒有求問上帝的心意；言下之意，就是假若她在較早階段就求問上帝是否同意她跟這位男士拍拖，她就不會觸礁了。[49] 又例如某中年姊妹在一次差傳大會中，聽到講員鼓勵信徒投身普世宣教的工作，又從相片中得悉落後地區的需要，但她首先想到的，是前往宣教是否上帝的呼召，而不是其他客觀的因素或主觀的想望。[50] 再例如某弟兄考慮是否辭職進修時，最決定性的因素並非客觀條件是否可行（金錢需要、家庭照顧、房屋供款），而是他有沒有先好好祈禱，讓他可以得知上帝的心意；而當弟兄在禱告中「聽到」上帝的回應後，他就十分有信心地踏上進修之路。[51]

在華人教會中另一典型的例子，就是「有否蒙召作傳道」一事。一般來說，教會教導假若信徒被主選上，以傳道人為終身志業，不單蒙福，還十分尊貴。但當信徒考慮報讀神學、尤其是全時間「奉獻」讀神學時，均會非常謹慎地問自己一個問題：「我究竟有沒有主的呼召呢？」即究竟他全時間讀神學，是否上帝的心意呢？言下之意，即一個基督徒能否在將來的日子全時間事奉上帝，不可憑他的心思、意念或喜好，而必須按主的心意和揀選。即或一個基督徒十分願意終身全時間事奉主，但假如這並不是主的心意，他的選擇不過是人意，陷入亞伯蘭（亞伯拉罕）以夏甲來生子來成就上帝的應許的網羅，即以人意代替神意；但倘若上帝的心意是要他事奉主，他就不可以不起來事奉了，上帝必有方法叫他就範。[52]

如果有人說，上帝在基督徒的生命裏並沒有計劃和心意，恐怕是難以成立的，人的自由並不會/不能取消上帝的旨意和主權。[53] 上帝的計劃和心意應分為兩類：一是上帝對世人或是所有基督徒的普遍心意，亦早已記載於聖經，例如要信徒愛人如己、廣傳福音、行公義好憐憫、結出聖靈的果子等，這些善事好事是沒有律法禁止的（加五 22～23）。可惜，一般基督徒所追求、關心和求問的，卻非這些上帝普遍和明顯的心意。[54] 二是上帝對個別信徒在特定的時空處境下的特殊心意，例如上述所說的例子，基督徒總是想通過種種的方法，例如祈禱、類似求籤式的聖經閱讀、客觀環境的配合或個別資深信徒的許可等，獲得上帝的「首肯」，然後才心安理得地生活。

其實，信徒願意敬虔度日，事事以上帝為依歸，實在值得高興。可是，他們所關心的「上帝心意」，又大多跟他們的自身、工作、前途、婚姻、家庭等有關，反倒不是「先求祂的國和祂的義」，他們最終所關心的仍然是自己，惟恐自己所抉擇的，不是上帝的心意而遭逢上帝攔阻，導致事業失敗、感情破裂、家庭不和、百病叢生等。他們想藉著尋求上帝的心意，未卜先知，先放棄自己的想法，後掌握上帝的心意，這不單被眾人認為是最敬虔的表現，還是自己將來人生「成功」的保證。這樣的表現，跟中國民間宗教教徒豈非十分相似嗎？只是最敬虔的民間宗教教徒既求神明指點迷津，但他們大多不會放棄自身的努力來達成目標；反觀基督徒卻往往有「不要走在耶穌前面」的消極表現，認為若信徒的表現只要滲入了丁點兒的「人意」和「作為」，就是莫大的罪行——看來其「迷信」程度還遠遠超越民間宗教教徒呢！

3. 神意與人意二分？

華人教會有一種特別的「屬靈傳統」，源遠流長，就是把神意和人意徹底分開，彷彿人意永遠是與神意相衝突的，人若按理性和喜好，再加上當時的客觀環境來作出抉擇，就會被視為大罪。此理論的提倡者認為，人的自然生命和性情（曾被說成是人的「魂」），往往被視為犯罪的源頭，當我們靠著「魂」而生活，生活的傾向和愛好都被視為罪。[55] 一個基督徒能否成功作一個「屬靈人」，就是看他如何對待靈與魂在他裏面的爭鬥。「他如果拒絕魂的能力，而專靠著靈的能力，他就要成功作一個屬靈的人。他如果利用魂的能力，或者用靈的能力，也兼用魂的能力，他就要成功作一個屬魂的人 —— 屬肉體的人。」[56]

如此，一個「屬靈」的基督徒，就是一個讓聖靈在他的靈裏運行的基督徒，讓聖靈所賜的生命，供給他一切行事為人的能力。他在地上生活不尋求自己的意思，乃是尋求上帝的意思；他在事奉上帝的事上，更不憑著自己的聰明，沒有甚麼打算、計劃和佈置。但「屬魂」的基督徒卻往往反其道而行，在他的日常生活裏，甚麼都是靠著自己的能力：他是隨著自己的喜好而行，不能從心裏學習順服上帝，在上帝的事工上，仍是以他個人的聰明和智慧作出安排。[57] 不少基督徒被教導說：「屬靈」的基督徒並不自恃，不以自己的能力來遵行上帝的旨意。當基督徒每一次有所舉動時，他們都應當專一的來到上帝面前，在深深感覺到自己的無能之後，求上帝給他們一個應許，然後憑著上帝的應許勇往直前。如此，上帝是必定按著祂的話，將能力賜給他們。[58] 以上的教導，慢慢使基督徒相信，他們活在世上，並不是隨著感覺和喜好而行，也不是按著理性思想而處事；乃是應當隨著聖靈其「直覺式」的引導而行事為人。基督徒更被教導要不住的禱告，叫他們能明白「直覺」的意思，還說：「明白以後，就隨之而行。心思可以忽然明白直覺的意思是甚麼。但是，如果沒有直覺，而心思自己所發的忽然思想，乃是不可跟從的。直覺的教訓，乃是表明聖靈的意思。我們所當跟從的，只有這個。」[59]

以上的教導告訴基督徒，按理性和喜好（即所謂「人意」）而行是不應該的，這是人裏面的「魂」的破壞性工作，引向不敬虔之路，上帝也不喜悅；反倒，基督徒要追求某種神祕的「直覺」，附以禱告的確認，就能明白聖靈所告知的上帝心意是甚麼。但問題是：為何人的心意，總是與上帝的心意相衝突的呢？若基督徒確信上帝通過種種考驗，叫他們在人生的經歷中得以學習，再加上聖經和教會的正確教導，為何當中所塑造出來的人意，必然是與神意為敵呢？當某基督徒在教會接受多年教導，聖經又告訴他貧窮人的需要，而他的心志是要去服事貧窮人，如此人的心意跟上帝的心意豈非吻合嗎？當某弟兄感覺跟某姊妹很投契，他們的事奉心志又相若，大家亦到適婚年齡，再加上彼此傾慕，又對感情認真，筆者看不出有甚麼原因，還要向上帝「求姻緣」！他們固然要為這段感情繼續禱告，但禱告是一生的過程，並非集中在感情開始前的求問和占卜。人意不必然有違神意，按理性和喜好去抉擇，同樣可以是十分敬虔的。

其實，當基督徒面對生活大大小小的抉擇時，不願/不敢按自身的理性和喜好，作出最合宜合理的選擇，亦害怕承擔選擇所帶來的個人責任，卻追求尋求上帝的心意，其實是相當「非聖經的」(unbiblical)。若上帝認為基督徒必須在他們生活的每一個細節裏，都按祂預定的心意而行，為何上帝卻沒有明明告訴我們，反而要我們既痛苦又無奈、且誠惶誠恐地不住尋索呢？這究竟反映了一種怎樣的上帝觀？難道上帝要我們既痛苦又營營役役地尋找，祂才會滿足嗎？還是，這不過反映了我們渴求「占卜」的心態呢？華爾基(Bruce K. Waltke)說的十分好：

> 我們通常用「尋求」(finding)來代表聽到、努力得到或成功獲得上帝的心意。當我們設法「尋求」上帝的旨意，我們就是在試圖透過超自然的方法，去發現這隱藏的知識。我們若想在某一具體抉擇上尋求祂的旨意，我們就

> 要洞悉上帝的心意，知道祂對此事的定奪。從這個角度看，「尋求」實際上是占卜「divination」的一種方式。這樣的觀念在異教相當普遍……
>
> 新約聖經沒有明文吩咐我們要「尋求上帝的旨意」，也沒有特別教導我們如何尋求上帝的旨意。它並沒有提供任何魔法用語，讓基督徒打開神秘的大門，以致我們可洞悉全能上帝的心意……[60]

申命記十八章10至11節記載，耶和華上帝不許以色列人學效異教的占卜、觀兆等行為，但諷刺的是，現今的基督徒卻自創出「基督宗教的占卜」行為：「抽聖經金句卡，隨便打開聖經某一頁亂指一通，或信賴禱告後第一個進入你腦海的意念，諸如此類，都是毫無根據的基督徒問卜方式。」[61] 基督徒與民間宗教教徒的相似性，又再次表現出來，甚至基督徒還可能是「大哥哥」呢！

四 結語

中國民間宗教的特色就是信奉多神、沒有宗教組織、神職人員的職分不凸顯、沒有嚴謹的神學/義理，故此，從宗教比較學的角度來看，基督宗教跟民間宗教是十分不同的。但本文嘗試從基督徒兩方面的具體表現作觀察，包括重利輕義和求神問卜，發現若從基督徒的追求心態和追求手法來看，基督徒與民間宗教教徒就極其相似了。我們可以坦然承認，基督徒亦不過是芸芸眾生的一員，沒有甚麼可誇，不過受自然人性的慾望所驅使，故此亦不應站在信仰和道德的高地，批評基督徒所追求的跟民間宗教教徒沒有兩樣——要緊的是，我們從今天起要承認，基督宗教可以產生的信眾，並沒有甚麼比民間宗教所產生的信眾為強之處，至少在信眾日常信仰追求的表現上確是如此。但假若有基督徒是不服氣的，仍有多少良知，仍然深信上帝叫基督徒在地上有某種「分別出來」的聖潔，仍相信聖經和傳統確有「另類」的教導，叫基督徒堅持某種生命操守和表現，仍不齒於民間宗教教徒所追求的事的話，看來是基督徒站起來見證基督和基督宗教是有所不同的時候了：基督徒並不是民間宗教教徒的「大哥哥」呀！讓筆者在此以梁燕城的一段話作結：

> 說到這裏，有人認為，基督徒也常用神應允禱告來見證神的真實、靈驗，所以神不應允時便不敢提；這種作風不是和術數之士相似嗎？若基督徒從應允禱告的角度來看神，並依這情況講見證，那他就需反省自己的信仰是否仍停在膚淺的地步。有時基督徒會把神視為「黃大仙」（有求必應）。其實禱告的意義是與神溝通，及將自己交託給神，讓神帶領其一生的奮鬥，而不是求神答應和滿足個人欲望。以靈驗與否看神，就是將信上帝當作信看相算命一樣，為的是希望命運變得好些，這決不是基督徒信心的好表現。[62]

註釋：

1. 本文曾在香港神學院的研討小組發表，感謝當天參與者給予不少建設性的意見，尤其是回應者何穎芝傳道。

2. 引自黎志添：《宗教研究與詮釋學——宗教學建立的思考》(香港：中文大學，2003)，頁 25。
3. Paul Tillich, *Theology of Culture*, ed. Robert C. Kimball (Oxford: Oxford University Press, 1959), 42.
4. 參 Daniel L. Pals, *Seven Theories of Religion* (Oxford: Oxford University Press, 1996)；W. E. 佩頓：《闡釋神聖——多視角的宗教研究》，連澤民譯(貴陽：貴州人民，2006)。
5. Paul Tillich, *Christianity and the Encounter of the World Religions* (New York and London: Columbia University Press, 1963), 1 ~ 25.
6. Friedrich Schleiermacher, *On Religion: Speeches to Its Cultured Despisers*, trans. John Oman (Louisville, KY: Westminster / John Knox Press, 1994), 94, 101.
7. 魯道夫．奧托(Rudolf Otto)：《論「神聖」》，成窮、周邦憲譯(成都：四川人民，1995)，頁 6 ~ 48。
8. 田立克(Paul Tillich)：《信仰的能力》，羅鶴年譯(台南：東南亞神學教會協會，1988)，頁 1 ~ 3。
9. 梁漱溟：《東西文化及其哲學》(北京：商務印書館，1999)，頁 95 ~ 100。
10. 參秦家懿、孔漢思(Hans Küng)：《中國宗教與基督教》，吳華譯(香港：三聯書店，1989)，頁 2 ~ 50。
11. 參董芳苑：《信仰與習俗——一個宣教學上問題的檢討》(台南：人光，1988)，頁 1 ~ 11。
12. 可參徐松石：《基督眼裏的中華民族——宗教比較學》上下冊(香港：浸信會，1974)。
13. 城隍神本是一種自然神，是守護城牆內平安的神明。但唐代以後，城隍神與當地的古代名人結合，人把當地死去的名人奉為城隍神，在元、明、清三朝已成慣例。因此，不同的地區便有不同的城隍神，但其功能均是守護當地的平安。參郝鐵川：《灶王爺、土地爺、城隍爺——中國民間神研究》(上海：上海古籍，2003)，頁 199 ~ 207。
14. 楊慶堃：《中國社會中的宗教：宗教的現代社會功能與其歷史因素之研究》，范麗珠等譯(上海：上海人民，2007)，頁 271。
15. 劉仲宇：《中國民間信仰與道教》(台北：東大圖書，2003)，頁 103。
16. Julia Ching, *Chinese Religions* (Maryknoll, NY: Orbis Books, 1993), 1 ~ 2.
17. 參賴品超：〈巴特論宗教——一個漢語處境的反省〉，收於鄧紹光、賴品超編：《巴特與漢語神學》(香港：漢語基督教文化研究所，2000)，頁 196 ~ 200；Paul Knitter, *Introducing Theologies of Religions* (Maryknoll, NY: Orbis Book, 2002), 25 ~ 29。

18. 可參歐大年（Daniel Overmyer）、賴品超：《中國宗教．基督教．拯救：中國宗教學家與基督教神學家的對話》，楊國強譯（香港：香港中文大學崇基學院宗教與中國社會研究中心，2000）；歐大年：《中國民間宗教教派研究》，劉心勇等譯（上海：上海古籍，1993）。
19. 參陳榮華：《高達美詮釋學：〈真理與方法〉導讀》（台北：三民書局，2011），頁 7～8。
20. 參吳宗文：《傳統與信仰》（美國加州：中信，1995），頁 111～115；董芳苑：〈台灣新興宗教概觀〉，收於氏編：《台灣民間信仰之認識》（台北：永望文化事業，1983），頁 221～224。
21.「義」是有正當、道理的意思，在此指行出正當的行為，作出具備/體現道理的行動。參勞思光：《新編中國哲學史（一）》（台北：三民書局，1984），頁 113～116。
22. 楊慶堃：《中國社會中的宗教》，頁 66。
23. 楊慶堃：《中國社會中的宗教》，頁 69。
24. 楊慶堃：《中國社會中的宗教》，頁 75。
25. 楊慶堃：《中國社會中的宗教》，頁 82。
26. 劉仲宇：《中國民間信仰與道教》，頁 149。
27. 游子安：〈二十世紀上葉粵港地區黃大仙信仰的承傳與演進〉，收於香港城市大學中國文化中心編：《宗教信仰與想像》（香港：城市大學，2007），頁 120。
28. 董芳苑：〈台灣民間信仰之認識〉，收於氏編：《台灣民間信仰之認識》，頁 41～55。
29. 張佳音：〈序〉，收於馬國棟、劉志良：《中國民間信仰揭祕》三版（香港：香港基督徒短期宣教訓練中心，1999），頁 11。
30. 香港政府統計署：〈香港政府統計署二零零六年中期人口統計〉。參網址：http://www.bycensus2006.gov.hk/data/data3/statistical_tables/index_tc.htm#A1；瀏覽於 2009 年 5 月 1 日。
31. 胡志偉、霍安琪：《轉變中的成長——香港教會研究 2006》（香港：香港教會更新運動，2006），頁 217。
32. 蘇嘉莉：〈盧雲的靈修神學對香港教會關懷貧窮人的啟迪〉（道學碩士畢業論文，香港神學院，2009)，頁 8。
33.「著數」是利益、好處之意。
34.「冧巴」即 number 的廣東話翻譯，股票冧巴指買賣股票時所使用的代碼，例如香港匯豐銀行的股票代碼是 0005。
35. 潘霍華（Dietrich Bonhoeffer）：《追隨基督》，鄧肇明、古樂人譯（香港/台北：東南亞神學院協會香港分會，1974），頁 34。

36. 潘霍華：《追隨基督》，頁 36。
37. 潘霍華：《追隨基督》，頁 37 ～ 38。
38. 潘霍華：《追隨基督》，頁 39。
39. 潘霍華：《追隨基督》，頁 41。
40. 潘霍華：《追隨基督》，頁 41。
41. 潘霍華：《追隨基督》，頁 42。
42. 馬丁．路德（Martin Luther）：〈《論受苦與背十字架》講道詞〉，引自健新編：《心靈花園》（拉薩：西藏人民，2007），頁 182。
43. 楊慶堃：《中國社會中的宗教》，頁 240。
44. 楊慶堃：《中國社會中的宗教》，頁 240。
45. 鄭志明：《中國善書與宗教》(台北：台灣學生書局，1988)，頁 42 ～ 43。
46. 扶乩（扶箕）又稱「飛鸞」，《六部成語．刑部》後注記載：「巫者寫字于沙盤之中，假託神聖下降，曰扶鸞。」指以筆插在箕上，使人扶著已經神明附上的箕，令筆在沙盤上寫字，以獲神明的啟示。可參焦大衛（David Jordan）、歐大年：《飛鸞——中國民間教派面面觀》，周育民譯（香港：中文大學，2005），特別是頁 31 ～ 72；許地山：《扶箕迷信的研究》二版（台北：台灣商務印書館，1994）。
47. 吳麗珍：《香港黃大仙信仰》（香港：三聯書店，1997），頁 112。
48. 「籤」即削平了的竹片，每一籤均有一號碼，「求籤」即信眾誠心在神明面前求問吉凶，唸唸有詞，搖動承載竹籤的圓筒（籤筒），直到其中一籤被搖出，然後按籤碼取得解釋的籤文，從籤文敲定吉凶。問杯即打杯筊。杯筊為一段竹子/圓形木塊，在中間削成兩半，形狀像豬腰，每一塊都有平面和弧面。問杯時，善眾首先向神明下跪，合起一對杯筊，向神明禱告後，再高舉杯筊由額上向下拋，從兩片杯筊向上呈現的面來獲取神明的首肯或預言。
49. 參梁家麟：《憑誰意行？》（香港：基道，1992），頁 9 ～ 10。
50. 參華爾基(Bruce K. Waltke)：《尋求神的旨意：豈有此理？》，顧樂翔譯(香港：Vocation Creation Limited，2009），頁 14。
51. 參華爾基：《尋求神的旨意》，頁 15。
52. 可參拙作：《信仰尋找明白——古老信仰問題，後現代解答》（香港：天道書樓，2010），頁 78 ～ 84。
53. 有關上帝的主權和揀選跟人的自由和選擇之間，可以如何得到平衡的觀點，可參 Norman L. Geisler, *Chosen But Free: A Balanced View of God's Sovereignty and Free Will* (Minneapolis, MN: Bethany House Publishers, 1999), esp. 130 ～ 176。
54. 參梁家麟：《憑誰意行？》，頁 41 ～ 57。

55. 倪柝聲：《屬靈人》（台北：台灣福音書房，1976），頁 257。
56. 倪柝聲：《屬靈人》，頁 262。
57. 倪柝聲：《屬靈人》，頁 263。
58. 倪柝聲：《屬靈人》，頁 266～267。
59. 倪柝聲：《屬靈人》，頁 385。
60. 華爾基：《尋求神的旨意》，頁 21～22。底線為筆者所加。
61. 華爾基：《尋求神的旨意》，頁 22。
62. 梁燕城：《靜思宇宙玄祕——靈界、命理、氣功與民間傳統的批判研究》（香港：卓越書樓，1992），頁 220～221。

4 教會內教育的窒礙

張慧玲

一 引言

1. 基督教是教育的先鋒

教會從上主領受了教導的使命，不論源自舊約上主對選民的呼召，如申命記六章 1 至 7 節：「這是耶和華—你們上帝所吩咐教訓你們的誡命、律例、典章，使你們在所要過去得為業的地上遵行，好叫你和你的子子孫孫一生敬畏耶和華—你的上帝，謹守他的一切律例誡命，就是我所吩咐你的，使你的日子得以長久⋯⋯我今日所吩咐你的話都要記在心上，也要殷勤教訓你的兒女」；或者是基於耶穌對門徒的吩咐，如馬太福音二十八章 20 節：「凡我所吩咐你們的，都教訓他們遵守，我就常與你們同在，直到世界的末了。」這些都要求教會肩負起教導信徒的責任，目的是使人過合乎上帝心意的生活。

基督教因著這個教育使命，在歷史上對教育作出過深遠的貢獻和影響。[1]初期教會的教理問答教學，促成了殉道者游斯丁（Justin Martyr）於公元一五〇年創建正規的教理問答學校，其所提供的神學和文化教育培養了當時的教會領袖，如俄利根（Origen）、亞他那修（Athanasius）等人。基督教教育也是實踐兩性平等接受教育的先鋒。大學的學術研究起源於修道院，修道院是大學的雛形，而公立學校的理念則來自馬丁·路德（Martin Luther）的思想；幼稚園的概念及創始人是一個虔誠的路德宗基督徒。現代分級學校、啟聰教育、啟明教育、主日學等都是基督教的產物。還有，近代中國社會的教育改革乃深受傳教士的影響，基督新教傳教士於十九世紀來華，教會最先就是以辦學來接觸中國人，並以文字事工為宣教媒介。[2]繼承這使命，香港華人教會在戰後資源貧乏的情況下，仍積極地為弱勢社羣在天台辦學，隨後亦成為重要的辦學團體，承擔普及教育之責。

2. 教會內出現窒礙教育的現象

從上所述，可見基督教信仰並不反智，反而鼓勵人追求學問，啟發民智，推進社會的教育。香港信徒進入教會，也得著教會羣體的支援，有同伴的鼓勵，多能勤奮好學。然而，在今天社會分工之下，信徒的教育讓位了給學校，教會則專注於聖經的教導。近年，香港教會在培育信徒生命方面，呈現一些不健康的現象，值得我們正視。

A. 香港信徒成了聽道專家，少動腦筋

雖然，信徒不乏學習機會，諸如崇拜聽道、聖經或神學專題講座、培靈會等，而堂會大部分活動，如團契、主日學等都

有教育成分，但是，信徒主要是以聽眾身分接收講論。他們以為聽了就等於明白。信徒在堂會內對信仰的討論、學問的交流不多，而主動研究的風氣更是低落。這樣下去，信徒會變得愈來愈不願作獨立思考，日後恐怕經不起異端邪說的迷惑，遇信仰危機時甚至連教牧也只冀望某權威或教授指點。

另一個現象就是年青一代在電子媒體的網絡世界，正活躍地討論和批判信仰。究竟如何讓這些討論引發出對教會建設性的發展呢？

信徒欠缺獨立思考的能力，閱讀的風氣更日益低落。信徒閱讀的主題狹窄，書室暢銷的離不開靈修小品或實用性的書籍，如小組查經書或教人如何祈禱、如何得聖靈恩賜等書籍，而較為理性思辯的、教理和神學性的、探究社會或信仰複雜議題的書籍，則少人問津。筆者同意胡志偉牧師的觀察：「愛閱讀與肯閱讀的教牧與信徒愈來愈少。教會要健康發展，不能停留於搞聚會或講座，要培育信徒成為自養且能餵養他人的門徒。」[3]

B. 教會提供的培育課程對象以初信者為重

二○○九年香港教會普查報告顯示，大多數堂會（88.5%）在過去三年仍以舉辦慕道／栽培課程，以及查經／聖經課程（81.8%）兩者為優先，可能是與參與崇拜的新信主會眾增多有關。其次是舉辦個人佈道（76.7%），另有超過五成堂會有差傳／宣教（如短宣）、組長訓練、門徒訓練及敬拜隊。[4]

教會的培育課程，主要是為配合教會事工或大型活動（例如崇拜）而設的。其中，舉辦訓練敬拜隊課程的堂會，從一九九九年的百分之三十二，上升至二○○四年的百分之四十四及二○○九年的百分之五十四點八，這反映了教會對詩歌敬拜的重視，也反映了不少堂會因多堂崇拜而對敬拜隊需求日增。該普查發現，堂會在未來三年的培育需要，被選為首三項重要者，仍然是門徒訓練（60.6%）、組長訓練（49.4%），以及慕道/栽培課程（47.8%）。[5]

C. 教會的教育方式不適合成年人

二○○九年的香港教會普查顯示，在穩定出席崇拜聚會的所有人士中，近四分之一（24.4%）有參加主日學/聖經教導課程，超過一半（51.1%）有參與團契/小組，近一成（9.4%）有參加祈禱會，而參加培育/培訓課程的人，只佔整體教會的百分之六點三。若按年齡計算，十五歲或以上的會眾中只有百分之十八點三有參加主日學/聖經教導課程，與二○○四年比較（22.5%）有所下降。[6] 香港教會為成年人辦的聖經教導事工，情況仍然值得關注。然而，近年神學院或聖經機構多舉辦聖經和神學的延伸課程，或許可以滿足這方面的需要，可是我們沒有這方面的統計數字。

有關教材方面，教會為小組編寫的查經材料，多是為了方便組長運用，普遍預設問與答查經問題，或根據主日講道來設計，幫助信徒重溫信息。這類材料沒有空間讓組員自由發問探究，成熟的成年信徒也不能從中得到滿足，減弱了他們對查經的興趣，或誤以為信仰不切實際，靈命也因而停滯不前。從教牧近年大多選擇進修有關輔導的課程可見，[7] 信徒的心靈或生活正面臨極大的困擾，現行的教導方式未能對應成年信徒的需要。

我們相信，以上的現象不是在堂會盡心牧養的領袖所望，也不是他們刻意造成的。那麼，我們該追本溯源。以下將試圖闡述以上三個現象的牧養迷思，以及建議如何拓展教育的空間。

二 拓展教育空間之一：指導信徒在信仰上前進

1. 牧養迷思：事工側重佈道及初信的栽培，避免他們行差踏錯

香港教會以傳道為首要重任，所以極之願意花人力財力於這方面的事工。而傳道往往側重領人決志信主，然後盡快讓初信者得著造就，認識純正的道理。初信者需要明白的道理是清楚易理解的，主要包括信仰要理及可實踐的教會生活指引，如祈禱內容的範例和方式、靈修式讀經的方法、閱讀聖經入門、崇拜、洗禮等的意義。只要讓他們明白簡易的行為和信仰要理就足夠了，最重要是既不至令他們信仰錯誤，又能讓他們易於跟從。教會期望先讓他們穩定地參與聚會，以致日後在培育課程中學習和成長，這是無可厚非的，也是必要的初信栽培。

然而，當信徒日漸成長，會眾中成年信徒增加，初信栽培已不能對應他們的信仰探求。二○○九年香港教會當中年齡在四十五至六十五歲的會眾，佔整體的百分之二十七點二，比二○○四年明顯上升，成年及中年信徒為數不少。二○○九年香港教會普查顯示，堂會在牧養信徒上最常遇見的三大問題分別為：工作（66.2）、子女教養（46.1%），以及危疾／長期病患／健康問題（39.7%），[8] 這些正是成年信徒主要面對的問題。教會若仍將所有信徒如初信者看待和教導，就會忽略了不同人生階段的信徒所經歷的信仰掙扎。

2. 信仰仍有新領域

信仰本身的豐富，不是某一傳統純正的教條足以闡明。因真理的啟示需要人持續地消化、思考和語言表達。時代處境或文化的轉變、語言用字變更、表達方式的變化等，都會讓真理有新的呈現。當我們先入為主的觀念，因應實際體驗而有所豐富時，我們也會對信仰有新發現。正如一首一八五三年的聖詩《真理無涯》(We Limit Not the Truth of God)[9]歌頌信仰的豐富，作者喬治．羅森(George Rawson)是一個優秀的聖詩創作家，詩詞有豐富的神學意涵。這詩的中譯由《普天頌讚》編輯小組於二〇〇五年重譯，以下是第一和第三節的歌詞：

上主真理浩翰無涯，豈敢加以界限？
宗派、時代所持觀念，狹隘、粗疏、片面；
今讓更佳更新盼望激動我們心思；
尚有許多亮光、真理源出主道啟示。

越過幽谷，繼續前行，眾靈往上登攀，
將自高山低頭俯瞰一切已往時間；
堅忍推進，空氣更清，當聽天樂聲喧：
尚有許多亮光、真理源出主道啟示。

3. 鼓勵好奇的探求

當人接受基督的救贖，便開始與主步入信仰的道路，向前走，探求新的領域。旅途中，我們對經驗的理解，會因著我們的盲點，或先入為主的觀念，以致作出錯誤的判斷。所以，我們要不斷重新檢視自己的經驗及理解。教會應鼓勵信徒對生命保持好奇心，對經驗省察，而信徒自己也要向生命開放，勇於求真。信徒如能對自己的經驗常作反思，對學術有所追求，那麼，研究學問與追求靈性之間就能取得平衡。

遺傳學之父孟德爾（Gregor Mendel）的研究土壤來自奧古斯丁修道院，源於拿布（Cyril Franz Napp）院長撥出土地讓他種植和研究。該修會於一二四四年成立，宗旨是跟從初代教父奧古斯丁（Augustine）的理念，讓教堂成為學術中心與關懷周遭病人的所在地。中世紀時期，該會的修道院是當地文化的中心、教育居民的重鎮，以及科學知識的匯集處。隨著大學教育制度的興起與公立醫院的普及，奧古斯丁修會原先的功能逐漸被外界取代，只留下教堂作為敬拜上帝的地方，但是孟德爾的良師拿布院長始終相信：神學與自然科學之間，有一塊青翠的草場。有評論者指出，拿布院長強調：「知識的了解與靈性的增長，相輔相成，並不衝突。奧古斯丁修會的宗旨，就是培養教師，而教師最好的培養，是鼓勵他們有自由奔放的心靈，在自己最喜愛的領域裏主動學習，就是最好的成長……他堅信培育一顆傑出的心靈，不只是不斷呼吸哥德式高聳教堂的空氣，也需要持續研讀最新科學研究期刊的報告；不只是要複誦古老的聖詩，也需要傾聽流行鄉村的曲調；不只在修道院蔓藤覆滿的小徑上經常默想，也可以在田間從事科學試驗；不只要攀到最高的鐘塔上敲鐘，叫人來聚會，鐘塔也可以作為觀測天文的所在；不只是在修道院的圍牆內追求心靈的淨化，也需要進入人羣，了解世人心靈的需求。因著他的堅持，這所修道院培育出一羣非常傑出的修士。」[10]

香港教會需要這樣的胸襟。教會應鼓勵信徒探求新知識和多做研究，培育一種好奇心，不斷探求。例如，信徒應要對上帝的大地好奇，也要對上帝的啟示—聖經和信仰好奇。聖經跨越時代、地理和文化，記述著不同時代的人對信仰的掙扎，以及如何在動態的處境中實踐和體現三一上帝的奧妙。由於聖經不同書卷之間的內容呈現出某種張力，因此，詮釋聖經也累積了多種學問，如教父釋經、歷史評經、文法—歷史釋經、文學釋經、神學詮釋等。不同宗派及神學傳統，在解經上也各有重點及差異，教會若要培育信徒在信仰上長進，可以讓他們對解經保持一定的好奇心，離開初信的道理開端，從不同釋經方法來認識聖經。

真理本身充滿弔詭性，難以簡言約化為教條和命題。教會可透過教導不同教會傳統及神學家的言說，豐富信徒對信仰真理的了解及應用。成熟的人因面對理想與現實之間的張力，會引發他們反思所信的內涵和意義，這些反思有時令他們感到迷惘，或被人誤以為不信；但這些張力是他們深入理解所信的必經之路。這些反思有助信徒成長，閱讀和討論更是有益的，如蘇遠泰博士與鄒賢程合著的《信仰尋找明白（二）——作個動腦筋的基督徒》[11] 是其中一部值得細讀的著作。教會不要懼怕讓信徒發展好奇心，這是求真的動力之源。

三 拓展教育空間之二：塑造承載生命的羣體

1. 牧養迷思：統一行為和團結一致，可保持主內合一

教會在主內合一是信徒生命的見證，彰顯上帝救贖的功效，因為主已打破了人與人之間因惡念而生的隔膜，並恢復了人與上帝的關係，在一位父的家內，互相成為弟兄姊妹。教會這羣體在地上彰顯上帝的國，服於主的管治和恩典之下，有別於社會其他

團體。信徒也該竭力保持團體的合一。然而，當大家仍在信仰上追求成長，在認識上帝和順服上帝方面仍待長進時，彼此難免會有衝突和差異，我們如何追求合一呢？

若我們急於要在可見的行為上彰顯合一，就會標榜某些劃一標準，如「大家要有一致的意見」、「一致通過的決定」、「全體出席某集會」，以及「同一的觀念」等。有時這些標準是明文或公開的要求，更多時是非明文的，當大家不經思索地接受，就會形成一種制約。如此，在「合一」的大旗幟號召之下，如果沒有足夠的討論空間，信徒以為合一就是壓抑個人喜好，或不鼓勵創新的獻議，久而久之，教會變得不歡迎異見，信徒會誤以為疏於思考，就是合一的美德。信徒支持一致的觀念和意見，當然可以鞏固團結；然而，這樣卻容易令堂會變得自我保護，排拒其他團體。諷刺地，這種追求「合一」的意圖，竟有分造成香港教會一盤散沙的局面，即使在同一宗派或同一社區內的教會，彼此也難以合作。

這種標榜行為上一致的合一，與聖經所要求的合一不盡相同。首先，信仰中的良好德行理應一致遵守，但這需要經歷一個過程，一方面是信徒彼此了解的過程，另方面也是信徒內化信仰的心路歷程，這並不是一蹴而就的。再者，聖經教導的合一也有不同的層面，如腓立比書二章 1 至 11 節教導信徒心思意念要相同，是指感同身受，在關懷、憐憫和勸勉上要有同理心，尊重人的平等性；以弗所書一章 11 至 22 節則強調合一是在上帝裏面大家身分一致，打破外邦人和猶太人之間阻隔。以上兩種都不要求人在意見、思想及習慣上一模一樣。反之，信徒在思想上是可以互相交流、互相補足，容許思辯和切磋的。真正的謙遜，乃是對自己和別人有真實的認識，求同存異。

2. 教會應盛載生命

主內合一不是排斥異己的黨同伐異，乃是在愛中包容。合一的堂會是一個健康的羣體，能承載其成員的差異，釋放其生命力，讓信徒愛心擴展和日趨成熟。心理靈性健康協會（Institute for Psychospiritual Health）總監、臨牀和諮詢心理學家貝內爾（David G. Benner）博士指出，健康的羣體能讓人生命轉化和成長，這環境必需發揮三種功能：[12] 首先是盛載（holding），然後要放手（letting go），之後要有足夠時間過渡（navigating the transitions），保持聯繫直至其適應新羣體，重新融合。這樣看來，健康的教會要有盛載力，能讓成員成長到一個地步，超越了羣體，可以進入另一個羣體，甚至送別他離開所屬的教會。

盛載的意思是支持而不操控，這是關懷的首要素質。盛載的羣體容讓成員有所依附、彼此依賴，好像種子栽種在土裏植根。成員有足夠的盛載後會產生認同感，覺得自己屬於所屬的羣體，漸漸才會發現自己的獨特性，並與羣體分別出來。

盛載必然預期進入另一階段，就是放手。良好的盛載環境會避免將盛載收緊，目的是造就成員的獨立性，讓成員預備好進入按時結果子的成長階段，讓其長大，脫離先前受盛載的需要。他們需要歸屬於羣體，但他們又不止於羣體。當成員超越了羣體，放手就是支持成員成為獨特個體，因為成員會如蝴蝶般脫繭而出，展現新的生命。

第三種功能是過渡期的導向，此時成員在覺醒與擴展的旅程中，羣體陪伴他們停滯於成長的高原地帶。成員在過渡期中需要保持原有空間，因為成長包括真實地超越先前的位置，就是與先前的盛載環境衝突之處修和，與自己過去相關的身分認同保持聯繫。當成員感到要起行離開羣體、並要求那羣體仍支持他時，對羣體而言，實在是十分艱難的任務。然而，健康的羣體會在這事上做得好，並總能長久成為那離開了的成員其不可分割的部分。教會若在這事上做得好，可確保信徒繼續成長，不論他們是留在其中，還是到別的堂會，教會與他們之間仍會以不同的方式維持關係。這種合一，更能彰顯主內一家的關係。

3. 接待生命和鼓勵互動的探索

若要造就教會的盛載力，讓生命安全地被接納和明白，讓生命得以成長和蛻變，就需要兩個重要元素：一是成員彼此聆聽與陪伴，二是鼓勵信徒主動探索。

首先，聆聽是要求聽者放下自己的看法，並假設自己是無知的，不帶成見地接納對方，才會讓對方安全地探索內心和進行溝通。這種放下，不等於放棄信念和原則，乃是不以定是非為目的。聆聽是不要求對方變得像自己一樣，乃是尊重他人的獨特性，以他此時此地的模樣來接待他。

陪伴者要心存盼望，基於大家都追求效法主，相信因信靠主而一同成長。造就這樣的友誼，必須要有安全環境，要設定界線和守則，例如小組和團契成員彼此承諾，未經當事人同意，不能將其分享外傳。教會要容許信徒在分享軟弱、探索內心掙扎的過程中帶有不成熟的思考，並要保證那些分享不會被誤傳，或者作為處罰的證據。謹守保密是一種愛的教育，教會要塑造健康的相處文化，讓成員更能彼此了解，消化真理的教導。如此，信徒在被尊重和接待裏體驗合一。

第二個要素是鼓勵信徒主動學習和探索。學習的本質是讓知、情和經驗得以整合，內在化所學的，並能自然地將所學的活用出來。學員愈主動探求，愈能將所學的內在化。這絕非罐頭式的教學，或權威式的規範，或教條式的指令可以達至。勸戒式的教導愈多，不等於學習到的愈多，學習時間也不是愈長愈好。教與學雙方合作才有好的成果，尊師重道與思辯探求是可以並存的。要確保信仰無誤，並不一定要以指令來規範行為。教會的團契或小組可以多鼓勵信徒提問、探求學問和討論，且信任他們可以互相修正。這樣，因著信徒間互相承托，便可提升教會的盛載力。

四 拓展教育空間之三：容讓心意更新和轉化

1. 牧養迷思：悔改是行為突變，養成另一種行為習慣

華人教會多著重領人歸主，少不免以數算決志信主人數作為佈道成果的評估；為了讓佈道會有效感動人決志，就要將福音的美好展現人前，在信主後生命改變的感人故事當中，尤以突變和大變的故事最有威力。傳叫人悔改赦罪的道，確實是教會的天職，而悔改信福音確實是人類的希望，是上帝奇妙的拯救。然而，這類悔改的見證只是部分信徒的經歷，若將其標榜為典範，成為每個信徒的悔改模式，那就會將悔改化約為某類行為清單：不賭博、不吸煙、不吸毒、不吵架、常面帶笑容、舉手讚美上帝，以及要常常出席祈禱會、聚會、查經小組、禁食祈禱等。他們以為做到教會的這些要求，就是遵守主的命令。若他們內心沒有靠主而勉強去作，而又以為這就是悔改，當自己力有不逮而有所缺失時，就開始懷疑救恩，甚至感到被騙。若能堅持的，就漸漸將這類行為視為作基督徒的條件和標

準，甚至造作也要繼續如此行。非信徒也因此誤以為信耶穌就等於做這些行為，並以為信仰是一系列的教條規例。

2. 悔改是內在轉化

悔改是整全生命的轉化，也是心意更新後行為上的轉化（conversion）。這種轉化，在信徒內心的不同意識層次中運作，直至甘心樂意地跟從主。研究意識運作的哲學家和神學家羅納根（Bernard J. F. Lonergan）[13] 指出，知識的獲取必須經過五個意識層次，依次序就是先由經驗開始，而經驗的意識又分兩種，即宗教經驗和生活經驗，之後是明白或了悟（understanding）、判斷（judging），以及決定行為（deciding）。意識運作過程中發生四種轉化或悔改：宗教轉化（religious conversion）、心理轉化（psychic conversion）、知性轉化（intellectual conversion），以及道德轉化（moral conversion）。我們不能操控轉化，只可以提升人的意識能力。每一層次的意識都需要人運用能力，經驗層面的意識，要人在意和運用內外五官全面體驗：宗教經驗要人在禱告中與上帝相遇，了悟的意識需要人聰敏和探求，判斷的意識需要人有求真的理智和邏輯思維，決定行為的意識需要人對責任勇於擔當；如此，行為就是隨心而發、表裏一致地行出來。若能幫助信徒更多培養以上的能力，推動更全面的意識運作，他們的生命轉化便會在其中發生。

偏見乃是人在意識的運作遇到的阻礙。當偏見被除去，人便能全面投入意識中，才有真知灼見和更新轉化，達致真正的悔改。我們要持續地遵主教訓行事為人，絕不可以速成。悔改不是造作和虛有其表的行為。教會可以做的不是緊抓行為規範，而是提供空間、除去偏見和提升信徒意識運作的能力。

讓信徒經驗上帝，要引導他們騰出心靈空間。這方面，趙崇明博士在〈神學——於寧靜處傾聽神言之思〉一文中有一段精闢的解說：

> 神學起於寧謐恬靜中的無言無語，除了顯示對那套高舉知識論的物性語言觀的否定之外，也意味著人惟有首先安居於無言靜默之中期待，無言無語正是一種隱蔽尚未開顯的狀態。面對這種隱蔽，人只能以期待的心情棲居其中。期待應該是一種被動而且無執的態度，我不能執著於開顯何時出現，也不能執著於開顯以何種方式展開，甚至不能執著於開顯必然發生，隱蔽與開顯不能由我來決定……如此說來，神學首先要人在沉默中，在無言中期待能言而可以不言的他者在言說中開顯其自己……神學固然肯定是人的言說，但神學與其他學問之最大分別處正是神學以傾聽神言作為起始點。但傾聽其實也並非一種完全被動單向的接收性行動……傾聽本身必定意味著一種往返的雙向溝通……「無知」之思正意味著對理解活動的先存結構需要經常保持一開放性，這「開放」包含兩層意思：一是讓其自身顯現；一是預備它面對上帝言說的更新與改變。[14]

內在的靜默是神人相遇之路，在默觀和靜默的禱告中讓直覺甦醒，促進內在轉化和悔改。正如心理綜合學家費若奇（Piero Ferrucci）所描述的：「寧靜是通往高等意識的通道……理性通常是借文字、觀念、心象、記憶等媒介去了解一樣東西，直覺卻是直接而全面地了悟事物本質。寧靜之心乃喚起直覺智慧的不二法門。當直覺活躍時，它替代了理智去明白經驗，而理智只會接著為所知的作分辨、詮釋、組織、和表達。」[15]

3. 愛的教育讓人有空間作內心更新

如何提升意識的能力，讓內在生命得以更新轉化呢？我們需要生命導師的耐心陪伴。教育學家帕爾默（Parker Palmer）指出，真正的教育是靈性的旅程，[16] 而導師最重要的條件不是知識或教學技巧，乃是能注視內心的經歷，熟悉意識的運作，帶著自我身分和整合引導學生。[17] 生命導師的自我完整，才是教與學的鑰匙。生命導師可以給予學生愛的氛圍，而愛則能滋養我們的知性和創作力，能為洞見提供空間。

教條式或紀律式地轉變人的習慣，雖然短暫有效果，卻不是全人持久的更新。教會首先要做的就是造就一個愛的環境，讓信徒各按其時心意更新轉化。這種愛，不是指迷戀的愛，或佔有的愛，「愛是一種意願，為滋養自己和他人心靈成長而開展自我」，這定義在帕克（Scott Peck）所著的《心靈地圖——追求愛和成長之路》（*The Road Less Traveled*）有詳細解說。[18] 這同樣是費若奇根據心理綜合學所提出的「有意識的愛」，認為真正的愛必然帶來內在整合的效果；「愛是我們心靈力量成長的溫牀，它激發人的信心及勇氣邁向嶄新的未來。它能激發靈感，堅強心靈，突破內在的障礙而開放自己，重新發掘自己的潛能，勇敢地把它實現出來。總而言之，愛具有整合之力，能使我們日趨圓融統一」。[19]

愛可以激發智能和創意，而存在於所有的人心內，我們多少都已經驗到幾分，它是可以培養的。教會是世上最有可能培養人相愛的羣體，在接受上主的創造和救贖之愛中不斷轉化和成長。健康的教會能發展出愛的教育，並突破教育的窒礙。

五 總結：健康教會的教育

基督教是道成肉身的信仰，聖經的記載合乎理性，是人可以理解的，與人類經驗相通，是可以言說的，所以絕不反智。教會應培育動腦筋的基督徒，否則會窒礙他們自身的信仰成長。從另一層面來看，信仰又是反智的，因信仰屬於靈性的範疇，有超理性的層面，也是奧妙和難以言喻的奧祕。聖經中詮釋以色列的歷史是帶著一種神學的視野，帶著先知式的想像，顛覆世俗的潮流。信仰的價值違反人性利己的偏好，與世界的權術和追求的物質效益，格格不入。信仰要求人對上帝絕對忠誠，遵守上帝的旨意，要為羣體的利益而捨己，要謙遜地扶助軟弱，甚至暗助別人成功，為公義而受苦吃虧，這是世界看為失敗的。這樣看來，世俗價值的教育也會窒礙信仰。教會要避免沾染世俗，並要努力打破迷思，展示優良的教育，使人過合上帝心意的生活。

當上帝主動介入和臨近，耶穌基督的生命感召和觸動我們，與三一上帝相遇，這種靈性經驗直入我們的內心，扭轉我們的生命取向，且影響深遠，超越世俗教育所能及的。如此，我們明白主耶穌所說：「你們若愛我，就必遵守我的命令。」(參約十四 15) 健康的教會讓信徒經歷愛，與主相交的愛，在愛裏也有轉化的力量，遵從主的教訓。愛能激發我們的知性和創作力，能為洞見提供空間。信徒若不行在愛中，外表的行為只是經不起考驗的造作。

註 釋:

1. 參施密特(Alvin J. Schmidt):《基督教對文明的影響》,汪曉丹、趙巍譯(台北:雅歌,2006),頁 149 ~ 169。
2. 他們辦的第一份中文近代期刊《察世俗每月統記傳》於一八一五年出版;辦報方面如林樂知主編的《教會新報》、《萬國公報》(1868 ~ 1907);發行悠久的還有《台灣教會公報》(1885 ~);翻譯聖經方面,如一八二二年出版馬士曼(Joshua Marshman)譯的新舊約全書,一八二三年出版馬禮遜(Robert Morrison)譯的新舊約全書,一九一九年出版《國語和合本聖經》全書。教會和差會為了培育華人教會的領袖和傳道人,於十九世紀開辦學校;如一八一八年創立英華書院,一八六四年狄考文(Calvin Wilson Matteer)創立「文會館」,是中國第一所基督教大學;其他由傳教士建立的學府還有:台南神學院(1876)、台灣神學院(1882)、建道神學院(1899)、金陵神學院(1907)、華北神學院(1919)等。
3. 〈閱讀與使命〉。參網址:www.hkchurch.wordpress.com。瀏覽於 2013 年 7 月 19 日。
4. 參胡志偉、李詠研編:《回歸十年 · 使命再思 —— 香港教會研究 2009》(香港:香港教會更新運動,2011),圖 30:「堂會過去三年舉辦的培育課程,2004 及 2009」,頁 34 ~ 35。
5. 參胡志偉、李詠研編:《回歸十年 · 使命再思》,圖 31:「堂會未來三年培育需要,2009」,頁 36。
6. 參胡志偉、李詠研編:《回歸十年 · 使命再思》,圖 14:「按會眾年齡劃分的各項聚會出席率,2009」,頁 17 ~ 18。
7. 參胡志偉、李詠研編:《回歸十年 · 使命再思》,圖 29:「堂會教牧同工過去三年進修的科目,2009」,頁 34。
8. 參胡志偉、李詠研編:《回歸十年 · 使命再思》,圖 27:「堂會在牧養信徒上遇見的問題,2009」,頁 31 ~ 32。
9. 節錄自《普天頌讚》新修訂版(香港:基督教文藝,2006),第 540 首。
10. 節錄自張文亮:《遺傳學之父孟德爾的故事》(台北:校園書房,2008),頁 44 ~ 46。
11. 蘇遠泰、鄒賢程:《信仰尋找明白 2 —— 做個動腦筋的基督徒》(香港:天道書樓,2012)。
12. David G. Benner, *Spirituality and the Awakening Self: The Sacred Journey of Transformation* (Grand Rapids, MI: Brazos Press, 2012), 176 ~ 179.
13. 羅納根(Bernard J. F. Lonergan, 1904 ~ 1984)是加拿大耶穌會神父,一位二十世紀重要的思想家。關於意識的運作,參其著作:Bernard J. F.

Lonergan, *Insight: A Study of Human Understanding*, Collected Works vol. 3, eds. Frederick E. Crowe and Robert M. Doran (Toronto: University of Toronto, 1992)。另有一網站（Bernard Lonergan Archive）收錄了他的著作及研究他的論文：www.bernardlonergan.com。

14. 趙崇明：〈神學——於寧謐處傾聽神言之思〉，收於鄧紹光主編：《在信仰之思的途中——一羣年青神學人的神學告白》（香港：基道，2000），頁189、193～194。
15. 費若奇（Piero Ferrucci）：《明日之我》，若水譯（台北：光啟，1999），頁218。
16. Parker Palmer, *To Know as We Are Known: Education as a Spiritual Journey* (New York, NY: HarperOne, 1993).
17. Parker Palmer, *The Courage to Teach: Exploring the Inner Landscape of a Teacher's Life* (San Francisco, CA: Jossey-Bass, 1998, 2007).
18. 史考特．帕克（Scott Peck）：《心靈地圖——追求愛和成長之路》，張定綺譯（台北：天下文化，1995）。
19. 費若奇：《明日之我》，頁186。

5

教會的崇拜是要滿足人嗎？

張天和

一 引言

教會崇拜的對象是那位慈愛的天父，也是那位我們要敬畏的上帝，這是我們都認知的。美國的路德宗學者馬提（Martin E. Marty）在唐慕華（Marva Dawn）所寫的崇拜手冊《非凡的敬拜——重尋敬拜與佈道的關係與意義》（*Reaching Out Without Dumbing Down: A Theology of Worship for This Urgent Time*）序言中曾說過「崇拜應該殺死我們」，[1] 這固然是採用了誇張的表達手法，他乃是指出崇拜的對象是一位需要我們帶著敬畏的心朝見的上帝。唐慕華在另一本有關崇拜的著作中，也指出不少教會崇拜只顧討好會眾和營造友善的氣氛，參加者沒有與上帝建立真正的關係，也就是不曉得敬畏上帝，故「主日早晨崇拜沒有使我們顫慄」。[2] 這也是今天教會崇拜的現況嗎？

我們常聽見類似以下的說話：「今天的崇拜很有幫助」、「今天在崇拜裏沒有得著」等，崇拜的「成功」與否，乃視乎我們自己的標準嗎？

信徒普遍有這樣的觀念：主日崇拜、聚會，是享受屬靈的筵席。每次聚會，尤其是主日崇拜，不少信徒都看作是一次屬靈的餵養，他們參加主日崇拜，為的就是要吃靈糧。特別是一些自覺很有屬靈追求的人，他們若是參加主日崇拜，當聚會結束後而覺得「沒有得著」時，便會認為那次崇拜聚會是失敗的，因為崇拜未達成供應他們的任務。這是對主日崇拜的誤解。

今天教會的崇拜應以上帝為中心，抑或以人為中心呢？崇拜是要尊崇上帝，抑或遷就人呢？教會崇拜是要滿足信徒的需要嗎？為了探討這些問題，筆者首先描述現代崇拜更新所出現的一些現象，繼而從崇拜的意義檢視上述的問題，最後提出一些具體的建議。

二 探討這主題並非要為「靈恩式」崇拜定對錯

我們不難發現，雖然福音派教會最近的發展並非源自靈恩運動，但後者對崇拜更新的影響卻是顯著的，尤其對現今教會崇拜的風格帶來改變。

靈恩派[3]教會崇拜儀式中的唱詩、信息、禱告，是要讓參加聚會的人，體會到自由、即興與喜樂的屬靈經歷，聚會的重心放在會眾的共同參與，而不是少數人的帶領。音樂扮演著重要的角色，會眾唱的歌詞大都是來自聖經的讚美短歌，唱詩的時間通常歷時二、三十分鐘之久，一面拍手、跳舞，一面歌唱，愈唱愈加興奮。另外，靈恩派在崇拜方面是以每個信徒全面積極參與為基調的，著重點有四方面：會眾整體事奉、自動自發、歌唱歡呼、信徒團契相親。會眾的整體事奉，全面發揮肢體的作用，其重心已超越各人的參與，而植根於靈恩派對聖靈恩賜的解釋和這些恩賜在會眾崇拜時的地位。[4]

靈恩派教會對現今崇拜更新的影響，主要是在形式上和技巧上的。雖然就神學而言，靈恩派與福音派教會不盡相同，但是他們都堅持要摒棄舊的形式與象徵記號（如詩歌本），用新方式代替。因為兩者的崇拜模式非常相似，所以不論教會是否走靈恩派的路線，我們都統稱這類崇拜模式為「靈恩式」敬拜。

其實，「靈恩式」的敬拜讚美有其神學與屬靈根據，也在靈恩派信徒信仰生活中佔有重要位置。他們認為，敬拜讚美是使信徒體現上帝在人們心中作王的途徑，因這可以幫助信徒認定讚美的對象是上帝。[5]

由於現今教會的所謂「靈恩式」崇拜，並非以其神學理念來界定，主要是以其形式來定義的，因此，本主題的討論並非針對靈恩派教會崇拜而言。

三 崇拜的更新為教會帶來甚麼？

教會崇拜的更新，較集中於看重在崇拜中藉著詩歌來讚美、稱頌上帝。這種敬拜模式統稱為「敬拜讚美」。敬拜讚美是強調信徒個人主動地在崇拜中與上帝直接相遇，藉著現代音樂的元素，令參與者深刻感受上帝的同在，[6] 也感到自己是真正的「在場」（presence）。[7] 由此可見，這種敬拜模式的目的，乃是要盡量幫助信徒直接和主動地敬拜上帝、禱告上帝，發出內心之情，並強調信徒的自主性和自發性。

在整個詩歌的敬拜中，大致可分為五個部分：（1）邀請

（invitation）；（2）接觸（engagement）；（3）讚美（exaltation）；（4）愛慕（adoration）；（5）親密（intimacy）。[8] 張永信牧師形容整個詩歌的敬拜是「有方向感和自然感，可說是有結構（structured）而又自由（liberal）的一種敬拜方法」。[9]

關於敬拜讚美之詩歌，歌詞簡單，經常用「祢」來稱呼上帝，而非用傳統詩歌歌詞的「祂」，音律富時代感，容易上口，容易投入，容易引發敬拜之情。這種強調個人參與的敬拜，縱然有萬人聚集在一起，也無需跟隨完全相同的步驟和程序。一個敬拜羣體中會有人舉手、有人安靜、有人頌讚，而主領者也不會發出主導性的指令；相反會騰出空間，讓會眾有分參與主導的角色。相對於傳統崇拜中有秩序的集體敬拜，這模式是在集體敬拜中強調個人與上帝的溝通和回應。[10]

根據赫士德（Donald P. Hustad）的分析，更新的崇拜或現代的崇拜有以下特點：[11]

1. 崇拜的氣氛傾向於非正式，會眾的穿著隨便、輕鬆，無固定的敬拜程序；
2. 無傳統敬拜中的一些代表性事物，如講台、禮袍、風琴、典型的教堂建築物等；
3. 會眾唱的都是讚美與敬拜短詩，且一般以大聲的音響，提高會眾的情緒；
4. 鼓勵會眾在詩歌敬拜中向上帝鼓掌，有時也會向演出者（講員、獻唱者等）鼓掌；
5. 禱告具體化，鼓勵會眾以大聲說「阿們」作出回應；
6. 講道的內容簡單、直截了當；避免使用神學術語，以及直接向會眾發出挑戰。

另根據蘇遠泰博士的分析，現代崇拜詩歌著重救恩論和護理論多於創造論和末世論；著重上帝的護理及照管多於上帝對世人的要求；多講愛，少提公義及責任；多抒發個人感受，少彰顯上帝的榮耀；著重個人情感上的需要，缺乏理性的思考。[12]

至於當代教會崇拜中的宣講（講道），坊間沒有太多的討論，並主要集中討論權威式的講道內容，是否適合身處於後現代的信徒。另一方面，為了要吸引聽眾，留住聽眾（一羣讓娛樂成為生活一切形式的聽眾），講道不宜長篇大論，要盡量淺白，還需要加插笑話，甚至將講道變成「棟篤笑」。[13]因此，現代的講道著重「包裝」及形式而多於內容，甚至趨向娛樂化、淺陋化。

按鄧紹光博士的分析，現今好些教會提出不宜宣講責罪、知罪、悔罪的信息，因這樣會嚇怕未信的人，也會使弟兄姊妹滿有罪咎意識，以致心理不健康，出現憂鬱受壓的情況。於是，講道只宣講正面積極的信息，多講上帝的慈愛與美善，是我們隨時的幫助。然而，教會就是不談人的罪相與罪性、上帝的責罰與審判。[14]

多年鑽研講道學的賴若瀚牧師也有相同的觀察，他指出傳道人為了迎合會眾（一羣消費者），他們有意無意地將聖經真理淡化，將信仰要求減弱，多選取一些鼓勵人、安慰人的信息，刻意忽略那些責備人、警戒人，需要人付代價的信仰要求，故給人一種「成功神學」或「悅樂福音」的錯覺。[15]

無怪乎唐慕華對崇拜的講道有這樣的評價：「如果我們的證道談論的東西是會眾可以從心理學、社會學家以及本地電視台學到的，我們怎能夠教導人們基督教的獨特性？」[16]

四 為何要崇拜？

若要回答「教會的崇拜在滿足人嗎？」這一問題，就先要問：「為何要崇拜？」

唐慕華提到：「教會都認為它的任務是提供機會，讓人敬拜和讚美神，以及教導和模塑教會的成員去關懷別人，以回應神的恩典。」[17]

郭乃弘牧師亦有相同的觀點：「敬拜崇拜惟一的目的乃為榮耀上帝。至於人的需要只是次要。當然上帝的恩典亦藉著崇拜臨格，幫助人類重新校正生命的焦點，最終使我們熱愛生命，包括自己的生命和別人的生命；同時我們藉著崇拜可以更新自己的生命，使它轉化為一個服事的生命。」[18]

教會以"Orthodox"一字來形容「崇拜」，即是「正規與正確的讚美」的意思。在早期教會，信徒聚集一起是為了慶祝主耶穌復活，並盼望及等候主的再來，同時領受上帝透過主耶穌所賜的恩典。因此，敬拜是信徒羣體的一種信仰表達，要向世界表達我們所信仰的是甚麼。[19]

傳統教會會以「禮儀」來解釋崇拜。「禮儀」(Liturgy)這字詞原來的意思，是市民對社會承擔的義務工作，後來被基督教所採用。[20] 所以，禮儀的目的是「事奉」，也就是崇拜其基本的中心，即一方面人去服事上帝，遵行祂的旨意，同時也是上帝牧養祂子民的途徑。[21] 這樣看來，崇拜的焦點不應單單落在人的層面上，即不應只為迎合人的口味。人向上帝的服事這觀念提醒我們要有正確的態度、合乎體統的禮儀，呈獻上帝所喜悅的東西。

因此，在崇拜中，重要的不只是我們裏面的感受，更重要的是我們朝向上主的意念。無怪乎韋柏（Robert E. Webber）這樣說：「崇拜裏沒有信仰的表白，沒有謙卑順服，根本就不是崇拜。」[22]

最後，筆者引用唐慕華對敬拜的定義，總結這方面的討論。

> 敬拜，就是我們對於三一神無限恩典的喜悅反應……如果我們帶著對神的專注和服事祂的渴望，在感恩和敬畏中生活，生命的一切就是敬拜。
>
> 在特別的時刻，我們以話語、詩歌、感恩的行動、祈求和讚美來表達我們對神的敬拜。當我們自己這麼做時，我們就是將自己投入了個人的敬拜和靈修中。如果我們與其他的基督徒一起這麼做，我們就是參與在公開的、團體的敬拜中。結果將是，在每一天的日常生活中，不論是思考、言談或行動，我們都會更深地敬拜上帝。[23]

唐慕華指出敬拜有個人性的向度，也有集體性的向度，並且會伸展至日常生活中，成為一個影響別人的基督徒。因此，我們要常問：我們的教會在公開、團體性的敬拜中，是否忠於基督教的信仰？它是否以上帝創造的謙卑和智慧建造當中的參與者？它能夠幫助我們見證上帝的榮耀，並培育我們感恩或讚歎的態度嗎？我們的敬拜能否激勵我們去見證、服事、愛慕，以及實現上帝的旨意呢？

五 教會的崇拜在滿足人嗎？

討論過崇拜的意義後，這引發出另一個重要的問題：為甚麼基督徒忘記了敬拜是為了上帝？要回答這個問題，我們先要檢視一些影響今日社會及教會生活的文化現況，繼而說明由之而引發的兩個關鍵性的理由。

1. 文化影響今天的教會生活

赫士德認為，當代文化現況不僅是「生活的真實面」，更包括了不少「偶像」，這正在控制著個人與社會整體的意識。[24] 他就著文化對崇拜的影響有以下的分析。[25]

A. 這是個靈性空虛的時代

人們在靈性上喜歡追求特殊的經歷，如東方的神祕主義、靈恩派的崇拜宗教經驗，從而得著「高峯經驗」，[26] 達到靈性上的滿足。

B. 這是個人主義與自我陶醉的時代

人人自覺身負重任，要向人宣告自以為是的真理，以及在生活上有意義、重要的事物。因此，通俗文明不但成了大眾可以接受的標準，也是惟一的標準。

C. 這是個消費主義的時代

物質主義成為文化的重心，人們可以隨自己心意自由選擇，包括教會的裝潢、崇拜的模式，或是教會音樂。而通常選擇的標準，是為了滿足即時的慾望，而不是為了真正的需要。

D. 這是個電子、電腦、電視、影像的時代

電子媒體製造出一個情緒化、憑直覺、缺乏理性的現代文明，人們多依賴影像所帶來的即時刺激，而忽略文字所帶來的對話與沉思。

2. 文化引發兩個關鍵性的理由

唐慕華認為今天基督徒忘記了敬拜是為了上帝，並主要由文化引發出兩個關鍵性的理由：一是來自個別的信徒，另一是來自教會的會眾。[27]

A. 個別的信徒

信徒蒙召在世界中生活。我們沒有逃離這個世界，也避不開世界的問題及其污染力。我們需要學習竭力令自己不屬於世界，拒絕世界的價值觀，否則我們會被世界的價值觀影響！

現今的文化被稱為「後現代文化」，其實不論它的稱呼是甚麼，我們的社會早已走向被「世俗主義」侵蝕到不可逆轉的道路上。在生活方式上，都市人都已被這世俗主義的浪潮衝擊和牽引著，人們都變得非常世俗化。[28]

處身於功利化的社會，人們總是事事講求效率，但求省卻過程，以最短時間來達至目的，而當中以「消費文化」被看作為後現代文化及社會的主要構成。[29] 其實，「消費文化」的全面滲透，已徹底改變了我們的日常生活。然而，我們不要以為消費主義只影響人類的外在生活，它最高舉的價值就是自我創造和自我界定的自由。因此，消費主義根本就是一種建立自我身分的方法，高舉理性的現代人會說「我思故我在」，而後現代的消費者則會說「我消費故我在」。[30] 我們也不難發現，這句話正好

表達出以個體為主的個人主義。

事實上，當這種個人主義的消費文化社會不斷鼓吹要滿足我們無窮的慾望時，我們不期然便會問：「這些東西對我有甚麼好處？」當這種思維習慣進入了我們的敬拜生活時，我們就會抱怨：「我在崇拜中沒有收穫！」

除了鼓吹個人主義的自由，以及追求即時的效益和感觀的享受外，在「後現代」中，一切都變得相對而非絕對，是多元主義，這樣既可接受，那樣也可接受，樣樣也可嘗試。因著一切變成為相對，過去傳統道德倫理的價值及智慧不是被弱化，就是被埋葬。以往宗教曾在社會中扮演舉足輕重的角色，但至今已一去而不復返。為此，有學者批評現今的教會為了適應時代潮流，也不得不隨波逐流，因此容易陷於各種世俗的誘惑，經常採用世俗的處事方法，也在不知不覺間認同了世俗的價值觀。[31]

實際上，我們對敬拜有甚麼感覺並不是重點。敬拜，是為上帝而敬拜；讚美，是因受造物虧欠了他們的造物主。全地都要回應上帝造物的恩賜。[32]

B. 教會的會眾

為了增加出席人數，甚至為了增加收入，教會努力吸引人參加崇拜。可是，教會不但沒有審視敬拜的羣體可怎樣以最好的方式讚美上帝和榮耀上帝，反而開始問：「我們可以做些甚麼令到崇拜富吸引力和受歡迎，特別是吸引未信者前來崇拜？」

同時，有些教會則注意到會友被「更具吸引力」的教會「吸走」，為免失去市場佔有率，於是也跟隨改變崇拜的方式。

在這過程中，教會往往會將信仰沖淡，令信仰變得更受歡迎，因而抵觸了耶穌的教導，而教會本應是遵從這些教導的。[33]

有些教會主張，只要能引人信主，帶領人敬拜上帝，用任何方法都沒關係。所以，他們強調要配合大眾的口味，強調教會的音樂應該與外面世界的音樂相似，講道應針對參加崇拜的人所「感到的需要」。[34] 正因為教會認為很多人喜歡「敬拜讚美」的方式，願意參加的人也多，參加者容易受感動而成為基督徒，可達到宣教的目的，所以毫無顧忌地採納。以上的現象，正好反映出一種務實主義，我們可以稱之為「佈道崇拜」或「福音主日」。支持這種觀點的人，強調崇拜的功能性及實用性，期望在崇拜中藉著耶穌基督使罪人與上帝的關係復和，因為惟有真正的崇拜才能夠帶領非信徒歸向基督。[35] 有些人更認為，「詩歌」是很重要的工具，人們來到教會，最先感受到的，就是詩歌所塑造的教會氣氛。

六 教會可以怎麼做？

雖然我們明白到教會崇拜盡力迎合那帶著消費者心態的信徒的需要，也申明敬拜讚美詩歌及淺陋化的講道帶來不少問題，但現實歸現實，這個敬拜模式及講道方式，卻深深地影響著香港教會，就算成人崇拜不起用這些方式，青少年崇拜也會採用，筆者認為教會領袖們可以多作反思，在當中可以做多點功夫，使情況逐步得到改善。以下是筆者的建議：[36]

1. 教導及加強會眾對崇拜意義的信念

很多時我們會因著各方面的原因，遺忘了崇拜是為了上帝，因此教會需要不厭其煩地教導崇拜的真正意義，包括崇拜的目的、崇拜者的態度等，這對於參與崇拜事奉者尤為重要。

2. 採用合乎聖經的禮儀

我們不應抹煞一些有既定意義、又合乎聖經的禮儀，例如有嚴謹的崇拜結構、適當的使用表徵、對上帝臨在的渴求與感受、有系統的宣讀經課，以及朗讀預先寫好的禱文等。

3. 設立「把關人」

目前大多數教會都是由主席負責挑選崇拜詩歌，但事實上，當中不是太多人接受過神學以及聖樂的訓練，他們挑選了一些神學有問題或者不合宜的詩歌也不自知。教會可以由具備一定神學訓練的聖樂部人員或者傳道人，作為「把關人」，撇除一些不合崇拜用的詩歌，並作出分類。教會不妨設立詩歌資料庫，以作為篩選詩歌的機制，好讓崇拜主席有所依從。

4. 加強神學訓練

在聖樂工作方面，不少教會都願意資助信徒接受音樂訓練，亦會邀請相關的講員講解音樂理論，但是甚少教會會邀請講員講解聖樂神學。教會當加強神學方面的培訓工作，讓他們了解神學的重要性。

5. 當注意三一上帝觀的平衡

教會通常都對主席以及領詩其外在方面的事情（例如衣著方面、練習時間等）有一套指引，教會在此不妨加入一項有關神學的指引，呼籲主席及領詩挑選詩歌的時候，多思想一下詩歌內容的上帝觀是否整全，會否偏重敬拜某一個位格，另詩歌敬拜的對象是否對準上帝。

6. 不要過度倚重短歌

不少教會敬拜時單用短歌，這是危險的做法。雖然現今教會很流行唱短歌，但是為著信徒的靈命，教會實在有必要在崇拜中(尤其是青少年崇拜)加入有扎實教義的詩歌。其實，不少短歌是創作者個人感受的抒發，他們未必預期在教會崇拜中採用有關歌曲，事實上，這些短歌也不一定適合信徒在崇拜中頌唱。

7. 不要標籤傳統聖詩

一般會眾有一個錯誤的印象，就是認為傳統詩歌都是僵化、沉悶和不活潑的，但事實上，不少傳統詩歌除了歷史悠久，更有深厚的屬靈根基，只是在歌曲風格上有別於當代，只要配以適當的編曲，效果會更佳，讓敬拜的內容更豐富。

8. 培訓作曲人才

時下教會有不少具有音樂裝備的青少年人，我們可以幫助、甚至資助他們接受相關的神學及音樂教育，鼓勵他們創作一些符合崇拜觀念的新歌來事奉上帝。

9. 會眾教育

許多教會都有崇拜預習的時間，教會不妨在崇拜預習的時候，或者在崇拜程序表上，簡述這次詩歌編排的神學概念，或詩歌寫作的背景，例如：這詩歌是為要表彰上帝的神聖，那一首詩歌是關於教會觀等，雖然信徒未必一時間明白其中的神學意義，卻能豐富他們對詩歌的體會。

10. 用當代信徒明白的方法作出「釋經講道」[37]

有人認為釋經講道必定是死板沉悶、毫無生氣、不吃人間煙火的講道，不適合當代信徒。有這樣的錯覺，相信主要是由於傳遞的方式。其實，講道者的責任是解釋經文，以及傳遞經文原有的信息。傳遞方式則是多元化的，講道者不一定停留在傳統邏輯性的陳述，可嘗試用敘事、獨白、對話、話劇等不同的傳遞方式。講章若能多加插幫助演繹經文的隱喻、故事、比喻、文字畫像、真人真事等例證，都有助信徒了解信息的概念，讓他們全人投入聽道的過程中。[38]

七 結論

唐慕華在她的著作《樂在敬拜的生活》(*How Shall We Worship*)中，對教會羣眾發出了尖銳的提問：「『去敬拜，意謂甚麼？』如果問那些跟你一起敬拜的基督徒為甚麼他們會在那裏，答案會是甚麼？他們的答案會具有聖經基礎嗎？或者，他們的答案揭露出的是他們深受環繞在教會周圍的文化之影響。」[39]

因此，最重要的是讓我們不斷問這個最基本的問題：「我們在崇拜方面的努力，能否引發我們對上帝的真正讚美，令教會每一個人和整個基督徒羣體在品格上都有成長？」因為當崇拜的會眾變成觀眾，崇拜變成了雜耍，成為滿足大眾的場合，教會便陷於險境，基督教信仰和基督徒品格絕對有可能衰亡。

現代敬拜只著重「個人內化」或「超脱出世」的靈性經驗，往往容易出現「我們在這裏真好」的心境，而忽略了信仰與社會責任的層面。即使現代敬拜本身有指向推動信徒祈禱、宣教等方向，但教會卻往往忽略了怎樣鼓勵信徒將感動落實，以至實踐信仰。如現代敬拜未能帶領信徒實踐信仰，那縱使有多感動的敬拜，也恍似「泡沫」一樣，最終不能為教會或信徒之更新發揮任何作用。

再者，若現代敬拜將敬拜本身看為一種功能，也是片面地理解崇拜之真義，傳統教會批判地形容這種敬拜定位為「自我滿足」大於「榮耀上帝」，這點實在值得現代敬拜的支持者留意。

以色列的聖殿坐落於一個人受上帝審判而求憐憫的地方，這表明敬拜的對象是一位需要人以敬畏的心去朝見的上帝。當然，祂也是一位憐憫悔改的人的上帝。今日，願我們各人在上帝面前反省自己對敬拜的態度。

約翰福音四章 23 至 24 節如此記載：「時候將到，如今就是了，那真正拜父的，要用心靈（人的心靈和聖靈）和誠實（真理）拜他，因為父要這樣的人拜他。上帝是個靈（或無個字），所以拜他的必須用心靈（人的心靈和聖靈）和誠實（真理）拜他。」

註釋：

1. 唐慕華（Marva Dawn）：《非凡的敬拜——重尋敬拜與佈道的關係與意義》，陳永財譯（香港：香港基督徒學生福音團契，2007），頁xii。
2. 唐慕華（Marva Dawn）：《樂在敬拜的生活》，林秀娟譯（台北：校園書房，2007），頁 13。
3. 「靈恩派」一詞在本文中並沒有作出在學術研究上的嚴格定義，只是一個統稱，泛指五旬宗教會及靈恩教會。
4. 這些恩賜包括說方言、預言、翻方言、醫病、教導等，是指主內肢體之間彼此服事使人得造就。
5. 有關靈恩派教會敬拜讚美的神學與屬靈根據，及其對信徒的幫助，赫士德（Donald P. Hustad）有詳細的討論。參赫士德：《當代聖樂與崇拜》，謝林芳蘭譯（台北：校園書房，1998），頁 316 ～ 322。
6. 霍志鵬：〈敬拜讚美初探〉，刊於《基道閱讀》第十三期（2000 年 3 月），頁 4。

7. 蘇遠泰：〈惟獨敬拜上帝？惟獨敬拜上帝！〉，收於鄧瑞強、趙崇明合編：《當俗世遇上敬拜》(香港：香港神學院、基道，2011)，頁 7。
8. 邀請(invitation)是呼喚信徒去朝見上帝；接觸(engagement)是要引帶與會者開始靠近上帝；讚美(exaltation)是讚美的最高峯，是要帶出上帝的偉大、奇妙、主權等；愛慕(adoration)是高潮後的穩落，內容較為平伏；親密(intimacy)是讓信徒感受到上帝的親近和甜蜜。參張永信：《敬拜：神學．實踐．更新》(香港：天道書樓，1998)，頁 73～74。
9. 張永信：《敬拜：神學、實踐、更新》，頁 74。
10. 參林明遠：〈現代敬拜與教會更新，潮流？出路？〉。參網址：http://www.chinesetheology.com/LamMY/ModernWorship.htm；瀏覽於 2013 年 9 月 6 日；蘇遠泰：〈惟獨敬拜上帝？惟獨敬拜上帝！〉，頁 7；張永信：《敬拜：神學、實踐、更新》，頁 74～85。
11. 參赫士德：《當代聖樂與崇拜》，頁 331。
12. 蘇遠泰：〈惟獨敬拜上帝？惟獨敬拜上帝！〉，頁 7～8。
13. 參趙崇明：〈讓崇拜顛覆崇拜的世俗化〉，收於鄧瑞強、趙崇明合編：《當俗世遇上敬拜》，頁 44～46。
14. 鄧紹光：《教會不在場——崇拜、宣講與牧養的再思》(香港：基道，2009)，頁 115～119。
15. 賴若瀚：〈忠於聖經又適切時需的釋經講道〉，刊於《大使命》第八十四期(2010 年 2 月)，頁 8～9。
16. 唐慕華：《非凡的敬拜》，頁 58。
17. 唐慕華：《非凡的敬拜》，頁 9。
18. 郭乃弘：《崇拜的更新》(香港：香港基督徒學會，2000)，頁 9。
19. 參何崇謙：〈後現代文化對教會崇拜的衝擊與挑戰〉。參網址：http://www.waccm.org/Articles%5CChallenges_PostmodernCulturetoChristian%20Worship.pdf；瀏覽於 2013 年 9 月 3 日。
20. 黎本正：〈談崇拜禮儀的現代性〉，刊於《聖樂通訊》第三十八期(2001 年 12 月)，頁 3。
21. 參林明遠：〈現代敬拜與教會更新，潮流？出路？〉。
22. 韋柏(Robert E. Webber)：《崇拜：認古識今》，何李穎芬譯(香港：宣道，2000 年)，頁 12。
23. 唐慕華：《樂在敬拜的生活》，頁 10。
24. 參赫士德：《當代聖樂與崇拜》，頁 312。
25. 參赫士德：《當代聖樂與崇拜》，頁 312～313。
26. 是屬於超個人或靈性的經驗。處於高峯經驗時，個體能夠超越自我，自入忘我、無我的境界，超越時間空間、空間，經驗到永恆、天人合一、遍及宇宙和神聖、愉悅、滿足、善良的感覺，並能改變個體的人生觀。參網址：http://163.24.143.141/edu_term/view.php?ID=55；瀏覽於 2013 年 10 月 21 日。

27. 唐慕華：《樂在敬拜的生活》，頁 35。
28. 曾立華：〈世俗主義下的崇拜取向〉，刊於《教牧期刊》第四期（1997 年 11 月），頁 33。
29. 駱穎佳：〈後現化文化與消化社會：一個香港經驗的對照〉，收於關啟文、張國棟合編：《後現代文化與基督教》（香港：香港基督徒學生福音團契，2002），頁 18。
30. 參關啟文：〈基督教與後現代自我觀的對話頭二之一：自我之死？〉，刊於《中國神學研究院期刊》三十一期（2001 年 7 月），頁 89～91。
31. 曾立華：〈世俗主義下的崇拜取向〉，頁 33～34。
32. 唐慕華：《樂在敬拜的生活》，頁 36。
33. 唐慕華：《非凡的敬拜》，頁 57。
34. 唐慕華引用三位學者的研究指出，這樣滿足人認為的需要會削弱教會的屬靈信念，使基督教信仰失去其獨特性。參唐慕華：《非凡的敬拜》，頁 57～58。
35. 馮錦鴻：〈現代敬拜與教會更新，潮流？出路？——未來教會崇拜的建議〉。參網址：http://www.chinesetheology.com/RFung1/FutureChurchWorship.htm；瀏覽於 2013 年 9 月 3 日；轉引自朱裕文：「現代崇拜——讚美敬拜運動」（課堂講義，香港建道神學院，2003 秋），頁 4。
36. 部分建議參考周翠珊：〈教會音樂——敬拜讚美〉。參網址：http://www.chinesetheology.com/SChow/AdorationAndPraise.htm；瀏覽於 2013 年 10 月 24 日。
37. 釋經講道是一種根據聖經、而且有系統性的講道，透過傳道者生命的宣講，將聖經的信息帶進會眾實際生活中。參賴若瀚：〈忠於聖經又適切時需的釋經講道〉，頁 9。
38. 有關釋經講道是否適合後現代信徒的討論，可參倫思學：〈「釋經講道」能適合後現代的聽眾嗎？〉。參網址：http://www.sagos.org/index.php?option=com_content&view=article&id=11:2008-11-13-00-37-20&catid=47&Itemid=196&lang=us；瀏覽於 2013 年 10 月 18 日。
39. 唐慕華：《樂在敬拜的生活》，頁 12。

6

施與不施——教會的慈善事業

蔡式平

一 引言

常言道：「施比受更為有福。」歷來教會視慈善事業為重要的任務，一方面這是實踐的信仰，而另一方面是傳福音的切入點。然而，隨著時代的變化，觀念及價值也許會被扭曲，教會是時候對這些慈善事業的定位重新作出反思。

本文嘗試從四方面反思教會慈善事業的種種現象及病徵，最後作出神學反省。

二 因噎廢食

教會的病徵之一，就是因噎廢食，[1] 這可能由於教會曾多次吃虧，使得對很多事情卻步。在慈善的事上，更由此引發爭議，就是到底捐與不捐。

二〇一三年，就國內災難救援一事上，教會對汶川事件的回應是熱烈的；相反，對雅川事件的回應卻不一樣，反應異常冷淡，原因是前記者呂秉權於是年在《蘋果日報》發表了一篇文章，名為〈災區不缺錢，只缺制度〉。[2] 他提出了一個疑問：「可知賑災善款用到哪裏？」他甚至懷疑捐款被濫用，甚至乎有可能被挪用為打壓上訪人民的款項。故此，他認為「我們真的不應該捐」，並指出「港人想重建的不止是一座建築物，更想重建的是公義」。這篇文章帶來很多回響。同年五月五日，《時代論壇》亦刊登了〈「捐與不捐」——透視內地賑災經驗〉一文，可見這討論已擴展至教會的層面。

隨了賑災的問題，近年香港的人口老化及貧富懸殊情況亦相當嚴重，衍生了照顧老弱貧窮者的問題，政府推出了對老弱者生活的補貼措施，卻在推行的過程中產生諸多問題，為人詬病，其中，這些補貼會否被濫用，成為了問題的焦點。

面對社會的貧富懸殊，教會又再關注扶貧工作，但教會應扮演怎樣的角色？教會應以甚麼態度來評價這些工作的成果？説到底，我們所關心的，就是資源會否被人濫用或是否有效地運用的問題。其中令人感到憂慮的，就是到底捐款何去何從？再者，在雅川災難後，香港政府通過撥款一億援助當地災情，因而被批評為濫用公共資源來做人情，且欠缺相應的監管、跟進及制度。

同時，也許不少人對基督徒的捐獻觀有很多錯誤的解説，例如「基督徒説要積財在天，因此理應抱著被人佔便宜這種心態去捐獻」；「因為基督説施比受更為有福，那麼就不用計較錢財的運用，只要捐錢自身是善舉，內心感到喜樂就是了」等。然而，這些都是某些人一廂情願的想法，基督徒斷不是盲目的信眾，他們對誠信尤其重視。因此，當信徒面對制度上的種種漏洞，以及外間一些失實的解讀和批評時，便很容易對相關捐獻有所保留，甚至可能決定不再捐助。

然而，信徒是否單單因為受助者良莠不齊，或者監管制度的不健全，便決定完全放棄捐獻，甚或對人的需要置若罔聞呢？今天，也許教會仍會為這些災區祈禱，但會進一步關心的則寥寥可數。當然，作為一負責任的個人或組織，我們要了解這些款項是否用得其所，否則，我們有理由拒絕支持。但我們應以何種價值判斷，決定捐或不捐？

《時代論壇》引述了一名任職非牟利援助機構多年的基督徒的觀點，指出在內地進行救災的四個步驟：一、當地民政局批准進入災場；二、視察災區，評估災情；三、各救援機構協調，避免資源重複；四、在是次救援中擔當的角色，以及安排物資和撥款等。簡單而言，他指出在一定範圍內，救援者要親身處理。

在處理捐獻的事情上，聖經中有不少例子，都是捐助一方親力親為的，如保羅向哥林多教會清楚交代捐獻的事（參林後九章）；再者，若是可行，保羅都會親自處理（徒二十四 17），否則，他會挑選合適的人去處理，為了有更好的監察，他還會派兩個人以上同去（徒十一 29～30）。

三 壁壘分明

教會的另一個病徵，就是壁壘分明。慈善的援助究竟只是給予某類人士，抑或給予所有人士？究竟只是給予會友，抑或不分教內教外給予一切有需要的人？教會如何為捐助的對象定界線，成了一個大問題。

談到教會的慈善事業或工作，基本上可分為兩類：第一類是規模較大和常規性的，例如通過開設學校、孤兒院、醫院或各類社會服務等而實踐出來的。由於規模較大，故此往往是由聯會策劃的，或者透過跨宗派或教會的合作而成的。第二類是救災扶貧，可能是一次性的援助，通常是較短期的，這一類的慈善活動，往往由堂會本身自行決定。

就第二類而言，一般教會都有類似慈惠部的組織，在執事會之下運作。慈惠部往往都要負責決定經濟援助的對象，換句話説，就是要分門別類。一般來説，教會的慈善只能惠及本堂會友，範圍較廣者亦會惠及其他教內人士，所指的是跨堂會的信徒。至於援助教外的人方面，雖不至於鳳毛麟角，但亦可能只是十分偶然的事罷了。

我們該如何處理堂會內外、甚或是教內教外的關係呢？對教會而言，若將會友的奉獻用作慈惠之用，便順理成章地優先用於他們自己身上了。也許，在有餘的情況下，才跟隨龔立人及陳澤羣所提倡的，即「需要因應社會之需要，制訂適當的援助措施」，漸次地惠及其他有需要的人。[3]

那麼，在教會有限的資源下，當涉及教內及教外的受惠者時，到底有沒有優先次序呢？倘若有優先次序，到底應預留多少作不時之需，也是一件不容易決定的事。在零和的原則下，形成壁壘分明的局面，教會傾向將受惠者限於堂會的會友，甚至乎視為教會對會友之責任，結果未能幫助其他有需要的人。[4]

然而，這樣做是否合乎聖經原則呢？聖經如何看待向外人施慈惠一事呢？先從律法書來看，聖經有條例清楚説明要幫助有需要的人，並提出了實踐的方法，例如恩待窮人、安息年、禧年免債等，不過這些都是惠及猶太人的。然而，聖經亦提出關於向其他人施慈惠的要求，包括對外邦人、寄居的、客旅或孤兒寡婦的照顧，最明顯的例子，莫過於容讓他們拾取麥穗一事。筆者十分贊成賽特（Roland Sider）所說的，這一切土地條例，是因為「神要求以色列國中有強大的、能夠自足的家庭」。[5]

進入王國時期，這方面的指引及例子不多，然而，卻有三個有趣的例子可供參考，都是與大衛落難時的處境有關的，分別是拿八（撒上二十五 1～44）、洗巴（撒下十六 1～4），以及巴西萊（撒下十七 27～29，十九 31～39）的個案。先知亦有明確的要求及教導，例如以賽亞說上帝不會離棄窮乏人的需要（賽四十一 17），而撒迦利亞更指出他們是應該受到一定的保護的（亞七 10）。傳統及非智慧文學亦有相關的教導，叫我們認清窮乏人在上帝的眼中的地位（箴十九 17），以及義人對他們應有的責任（伯三十一 16～22）。

在福音書中，路加記載了一個很有意思的故事，是關乎誰是我的鄰舍的（路十 25～37）。從這故事中，主耶穌是要我們具體實踐如何愛人如己，事實上，這並非由施予者的角度來決定的，而是從有需要的人來看的。在這故事中，無論是施予者或受惠者，皆非指定是猶太人。畢特（Frederick Bird）亦同意，路加藉此表示門徒不應以宗教的理由，停止幫助有需要的人。[6]

在使徒保羅的教導中，他亦指出慈善與仁義的關係，即通過慈善的行為來表達仁義，並指出慈善應是惠及其他人的（林後九 9、12）。同時，保羅在其他書信中甚至提及要接待任何有需要的人，包括自己的仇敵，若餓了就給他吃，若渴了就給他喝（參羅十二 20）。賽特認為，聖經如此教導信徒，為的是要信徒效法上帝，因為上帝就是如此恩待他們。[7]

所以，當問到我們該以甚麼標準來衡量是否幫助他人，又或者到底是否應有裏外之分，從以上的討論可見，縱然舊約和新約的慈惠制度主要針對上帝的子民，但亦惠及外邦人，似乎並沒有任何界線之分，而是視乎需要而定，上帝對困乏及軟弱者都特別關愛。聖經甚至教導信徒不是按我們自己的能力來決定是否施以援手，而是按信心及承擔的心志來決定，保羅稱讚馬其頓的教會，因他們作出那種超乎他們能力以外所能承擔的捐助，這就是信心的表現（林後八 1～8）。畢特引用教父革利免（Clement）的著作，肯定了捐助與信心的關係，認為信心是信徒應有的美德。[8]

四 本末倒置

教會的另個一病徵就是本末倒置。在慈惠的事情上，基督徒常有一個情意結，就是到底這種善行與福音有何關係？事實上，這是一長久以來教會會問的問題，就是到底幫或不幫？

二戰後香港的經濟正處於發展的階段，社會資源分配不均，貧富差距甚大，而貧窮人口的比例相對地大，政府對貧窮者的照顧則未見完善。那時，教會參與不少慈善福利的事業，例如派米、派麵包及派奶粉等。隨著時代的進步，政府的社會福利制度有了很大的進展，故此，教會在這方面的貢獻便相應地減少了。

當然，教會在地上的使命是廣傳福音，慈善可視為傳福音的途徑，而並非目的；然而，教會人士這樣的想法，常被人批評為過於功利。換另一個角度看，信徒參與慈善，是其個人信仰生命質素的流露，沒有福音內容的慈善，也可以是信德的表達。

事實上，慈善與福音未必需要二分，德加（William Tucker）認為，慈善是基督徒面對貧窮和苦難自然而生的信仰表達和回應，並反對慈善的目標是為了傳福音這一說法。他又認為，基督徒的慈善應是源於熱切的愛心，是以道成肉身為原則的，願意與受苦者認同。[9]

近年中國的災難頻仍，教會積極參與救災扶貧的工作，獲得很高的評價。這主要可歸納為三方面：第一，是愛的具體實踐。在二○○八年的汶川地震，中國基督徒積極參與抗震救災活動，讓許多人看到上帝的愛成了基督徒們實際的行動。[10] 第二，是參與社會建設。是次救災喚醒了中國教會參與社會服務的意識，[11] 並且對推動社會和諧起了積極作用。[12] 第三，是發揮教會合一精神。是次救災不單促成了基督教不同教派之間的合作，更加提供了讓不同信仰的羣體合力救災的契機。[13]

由此可見，慈善事業對福音的廣傳確實起了關鍵作用，雷競業更指出，中國教會在此之前沒有一種清晰的意識，要參與社會中的賑災工作，在地震災後，教會忽然意識到自己在這方面的責任和機會。[14] 事實上，教會參與中國社會的慈善工作，對他們來說，是在信仰中實踐公義，這對中國現代化起了積極的作用。趙曉提出，這是福音使命與文化使命的連結，即福音的傳揚及中國社會的發展能夠並行。[15]

由於早期社會上的慈善事業並未完善，故此，教會的參與相對地顯得重要。隨著社會進步，社會安全網趨向完善，教會在社會慈善的角色日漸減退。可是，近年香港的經濟環境轉差，加上人口老化、生育率下降、資源分配不均等因素，貧窮問題日益嚴峻，不少教會又再重新思考慈善事業的發展，回應時代需要，故興起了派飯、食物銀行、免費飯堂等服務。

然而，教會應當重新思考如何平衡福音與社會服務兩者的關係，不至於本末倒置。在這方面，德加提出了一些重要的原則，很值得我們參考。他指出，慈善是基於對生命的尊重，而非按世界其適者生存的原則；然而，當信徒或教會落實慈惠工作時，確是需要付上代價和作出犧牲的，而施予的對象則不應有地域或人種的界分。[16]

五 誇誇其談

教會的另一個病徵是誇誇其談，就是多講少做，因而引發行或不行的爭議。

「慈善」一詞，只在箴言二十二章9節出現過一次，這是否意味著這個觀念並不重要呢？當然不是！雖然聖經沒有特別明言慈善的觀念，但相關的態度及標準，實在已遍布整本聖經所記載的律法、福音和歷史之中。

猶太人認為慈善是一種正義的行為，他們認為給予不幸的人及有需要的人食物、衣物和住所等為正常的義務。在猶太文化中，慈善的意義主要來自希伯來文的 *zedakah*，這詞可譯作「公正」或「公義」。畢特認為，這意指羣體按上帝的說話為社羣作出公義的安排，或者是指個人因應鄰舍的需要而作出恩慈的回應。[17]

將慈善等於行公義，即使之成為應有的義務。根據猶太教，猶太人倘若不施予給慈善機構，以及援助有需要人士，這是不公正的，被視為沒有行公義，甚至乎是非法的。因此，在猶太法律和傳統裏，慈善被視為強制性的行為，而不是自願捐贈的稅收。每個猶太人有義務施行慈惠工作，而受惠者則包括猶太人和外邦人。

到底舊約法典中的「公義」，是一種怎樣的公義呢？

妥拉和猶太法典準則對如何和甚麼時候幫助窮人，提供了實際指示。妥拉吩咐猶太人將他們收入的十分之一給窮人(申二十六 12)，以及將收入的某一額外百分比捐獻給有需要的人(利十九 9～10)。那些並非踐行宗教信仰的猶太人，也被鼓勵將其淨收入至少十分之一捐給慈善機構。

我們可以發現，在猶太家庭或公眾聚集的中央地方，都設有一稱為 *zedakah* 的盒，[18] 為有需要人士收集零錢。我們也經常可以看到，猶太青年在以色列和散居的地方，逐戶上門籌募慈善事業的經費。

談到基督徒在地上的使命，不少人都會引用彌迦書這節經文：「行公義，好憐憫，存謙卑的心，與你的上帝同行。」(彌六 8 下)但到底甚麼是行公義呢？這似乎並非生命的素質，而是一種行動，但這是否指到社會行動的參與呢？在教會的歷史經驗中，傳統的基督教會普遍認為政教應該分離，在這政教分離的前提下，教會避免涉及政治，而在教會內，行公義往往只屬空談，或只允許個人的參與。

然而，猶太教的實踐可以成為基督徒的借鏡。行公義就是慈善行為，而非政治參與。而新約中所指的「公義」，它除了是一種道德標準外，也是一種行動。「你們若知道他是公義的，就知道凡行公義之人都是他所生的。」(約壹二 29)故此，行公義與慈善是有關係的；事實上，行慈善等同行公義。先知以賽亞及阿摩司亦曾嚴厲地批評當時社會上的不公義，就是貧窮人被欺壓。故此，人應要回轉過來，不單停止欺壓的行為，還要恩待貧窮人（賽五 7；摩二 6～7）。

故此，踐行公義，並非怎樣的社會行動，也絕非誇誇其談，行公義就是在社會中施行慈善。

六 教會慈善事業的神學反省

韋利蒙（William H. Willimon）在其文章指出，慈善乃是神聖的恩典（divine grace）及基督徒的美德（Christian virtue）。[19] 現按這兩方面作神學思考。

1. 神聖的恩典

首先，慈善是上帝的恩典，這是甚麼意思呢？意思是慈善事業並非是一種改變世界的企劃，而是通過它顯出神聖的恩典。[20] 我們從上帝的本質來認識這恩典，很重要的一點是上帝是萬物的創造者，祂擁有各樣的豐富，願意主動的施予，並且是透過與人立約而進行的。

A. 上帝是與人立約的上帝：立約及守約

上帝是立約的上帝，祂願意與人立約，有亞當之約（創三 15～19）、挪亞之約（創九 9～13）、亞伯拉罕之約（創十七 1～8）、西奈之約（出十九 4～6；申五 1～3）、大衞之約（撒下七 16）等，上帝與人立約，用意是藉此立約的關係，建立神人美好的團契，而立約所包含的條件，就是賜福予人；上帝是一慷慨的施予者，祂所賜的福是具體的，就是人可享受上帝一切在地上的豐富及自由。

因著人的不順服或信心失落的緣故，使這約所應許的福落空了。可是，上帝卻是守約的上帝，當人因種種原因失去約的福氣、並落在百般的艱難時，例如受到政治壓迫或經濟剝削時，上帝便會顧念施恩、釋放及解救屬祂的子民，即那些與祂立約的人。以色列人從為奴之地被解放出來，便是一例，上帝因記念與列祖所立的約，便呼召摩西，帶領以色列人出埃及，進入那豐盛的應許之地（出二 24）。

B. 上帝是看顧世人的上帝：保護及防止

在西奈之約，上帝啟示以色列會進入應許之地，並成為一宗主國（出十九 6），故此，上帝藉摩西頒布律法，這些律法的綱領，除了有助維繫以色列人與上帝的良好關係，也為整個羣體定下規範。無論這些律法，是涉及人與上帝的宗教法，還是人與人的道德法，其原意不是旨在給人種種限制，相反，其原意是給人保護；換句話說，在既定的範圍內，人可以安全地生活，繼而享受上帝的豐富。

然而，這些律法之中，有部分是進一步保障及恩待經濟條件不足的貧窮人，[21] 為要防止因經濟的差異而造成社會不公的現象，令每個人都有分於上帝的豐富。再者，上帝也使以色列人明白他們昔日亦曾為奴，他們應該知道要善待貧窮的人（出二十二 21；申十五 13～14）。

2. 基督徒的美德

慈善除了是神聖的恩典，更被視為基督徒的美德。近代個人主義抬頭，只高舉個人權利或擁有，人只從個人利益出發，視獲取為理所當然的事，而沒有將之視為恩典。再者，人亦少談及個人在社會或世界的責任及義務，更遑論對外的承擔及使命。然而，博特（John Bolt）指出，慈善不是個人的慷慨行為，必須從更廣的社會學視野來考察。[22] 意思亦即是說，慈善與社會責任是相關的；事實上，基督徒應該承擔社會文化及福音使命，因為這是上帝賜予的使命。

A. 人的文化使命：管理及分布

上帝造始祖，賦予其使命，就是生養眾多，遍滿全地，並且管理大地，這就是人的文化使命（創一28）；這似乎是兩個使命，但從另一角度看，卻是可合而為一的，就是對資源的運用及管理。博特認為，人類的職分就是明智地運用創造物，而不是被動地將它保留於原始純樸的狀態，意思是要很有智慧及創意地運用，當然亦包括不可任意揮霍。[23]

貧窮形成的原因可以是很複雜的，卻可歸咎於資源分配不均，或因個人的自私和貪婪，引致物質的分配失調，而慈善則是對這種種問題作出的回應，即進行資源再分配，避免貧者愈貧，富者愈富。

B. 人的福音使命：傳揚及見證

信徒有責任高舉及宣揚主的名，這是可以透過生命的感染力和吸引力達致的，故此，福音與社會關懷並非二分。事實上，主的名被宣揚，以及上帝國度的擴展，都並非在乎以口來傳揚，而是在乎到底有多少人認同及領受其核心的價值，當愈來愈多人認同時，國度便會自然而然地擴張起來（賽十一10）。這些核心價值是可以透過慈善彰顯出來的。正如賽特所說，愛心的行動若是奉基督之名作的，就是福音的推介與明證。[24] 因此，傳福音基本上並非為了慈善，慈善卻發揮了福音見證之作用，使未信之受助者感受到信徒和教會的關懷。

C. 耶穌基督律法的總綱

耶穌將律法歸納在愛上帝愛人的總綱之中（太二十二 37～40）。在登山寶訓中，基督以愛來關心有需要的人，這建基於愛的力量，其力量之大，足以克服不友善的處境。事實上，這愛的力量能改變社會的不公。毋庸置疑，慈善事業乃是本於上帝的愛，因上帝就是愛。

七 結論

健康的教會，乃是實踐信仰的教會，當中有一羣愛上帝和愛人的人，而慈善事業便是信仰的具體實踐。本文處理了教會四種病徵，面對因噎廢食的挫敗經驗，教會應小心監管慈善工作，切忌因被情緒牽動，而囫圇吞棗。教會也要拓寬視野，在慈善的事情上，避免劃地自限，引致壁壘分明。教會亦不應將慈善與福音二分，事實上兩者是合而為一的，是一整全的福音，並沒有所謂本末倒置。最後，教會要踐行慈善文化，而不只是誇誇其談。事實上，慈善事業有聖經及神學的基礎，是福音的推廣及明證。故此，若問教會及信徒在慈善事業方面到底是「施」與「不施」，答案當然是「施」!

註 釋：

1. 意思就是，要做的事情由於出了點小毛病或怕出問題就索性不去幹。
2. 呂秉權：〈災區不缺錢，只缺制度〉，《蘋果日報》，2013 年 4 月 22 日。
3. 龔立人、陳澤羣：《福利與信仰——香港教會推行「慈惠」之果效研究報告》

（香港：基督教中國宗教文化研究社，2002），頁 39。

4. 龔立人、陳澤羣：《福利與信仰》，頁 35。
5. 賽特（Roland Sider）著、李季萍譯：〈從聖經角度看貧窮與經濟公平〉，收於吳羅瑜編：《福音信仰與社會倫理》（香港：中國神學研究院，1986），頁 77。
6. Frederick B. Bird, "A Comparative Study of the Work of Charity in Christianity and Judaism," *The Journal of Religion Ethics*, vol. 10, no. 1 (Spring, 1982): 157.
7. 賽德隆（Roland Sider）：《財主與窮人——饑饉時代的富有基督徒》，高得生譯（加州：台福傳播中心，1998），頁 75。
8. Bird, "A Comparative Study of the Work of Charity in Christianity and Judaism," 156.
9. William Jewett Tucker, "The Christian Charity and the Charities of the Church," *Andover Review*, 16 no. 96dD (1891): 675.
10. 葉一、王新毅：〈專訪武漢家庭教會牧者憶汶川賑災：它喚醒了中國教會參與社會服務——談 2008 年中國基督徒愛心行動〉，《基督時報》，2012 年 5 月 16 日。
11. 葉一、王新毅：〈專訪武漢家庭教會牧者憶汶川賑災〉。
12. 魯德：〈中國經濟學家趙曉談抗震救災與基督徒社會使命〉，《基督日報》，2009 年 4 月 13 日。
13. 魯德：〈中國經濟學家趙曉談抗震救災與基督徒社會使命〉。
14. 雷競業：〈理性的盛筵　心靈的祝福〉，《天情通訊》，第二期，2010 年 5 月。
15. 趙曉：〈持守與超越——從抗震救災到基督徒社會使命〉，《基督日報》，2009 年 4 月 13 日〔網上文章〕。
16. Tucker, "The Christian Charity and the Charities of the Church," 676.
17. Bird, "A Comparative Study of the Work of Charity in Christianity and Judaism," 165.
18. 就是公正及公義的意思。
19. William H. Willimon, "The Effusiveness of Christian Charity," *Theology Today*, vol. 49, no. 1 (April 1992): 79.
20. Willimon, "The Effusiveness of Christian Charity," 79.
21. 這些律法計有：一、安息年要豁免貧窮人的債，讓貧窮人重獲自由（利十五 9～18）；二、禧年容讓貧窮的家庭，可以收回過去因經濟的原因而變賣的土地，重新獲得繼承權（二十五 10）；三、容讓有需要的人在田間拾取一些遺留下來的麥穗，賴以為生（十九 10；申二十四 1～22）。

22. 謝志斌：《公共神學與全球化——斯塔克豪思的基督教倫理研究》（北京：宗教文化，2008），頁 249。
23. 參謝志斌：《公共神學與全球化》，頁 244。
24. 吳羅瑜編：《福音信仰與社會倫理》，頁 126。

7

從利未記祭司的職責反思今天教牧同工的職責

張祥志

一 引言

「都不知牧師的講道想表達甚麼，東拉西扯！」「牧師講道？絕對無錯，絕對無用！」「傳道人在講台上所講的與聖經何干？」「我已很用心聽道了，但傳道人可否不每次都用探病的例子？」「我覺得在教會得不到牧養！」「這些敏感的問題在教會是不准問的！」「牧師，聖經是這樣解的嗎？」……以上都是筆者親身接觸的信徒對其教會教牧傳道同工的某些評語。事實上，近年來，傳統教會的信徒對教牧同工的講道及牧養質素，愈來愈多負面評價，甚至有信徒索性自立門戶，自組教會彼此牧養。為何教牧同工的牧養質素在信徒的心目中江河日下？為何有時連一篇最基本的釋經講道都不能搞好，而要東拼西湊找不同「心靈雞湯」式的故事來充撐場面？這問題很值得華人教會深思。

處理問題要從根源著手。筆者曾經一度感到右手手臂極度酸麻痺痛，於是不斷按摩手臂，也用藥油塗搽痛處，但經多番嘗試都徒勞無功，痺痛依然。後來找了一個中醫師診治，他說導致手臂痺痛的源頭不是來自手臂本身，而是來自頸椎部位的勞損，由於頸椎位置肌肉拉緊，把右邊手臂的神經線壓著，導致右臂出現痺痛情況。後來他幫我在右邊頸椎作推拿按摩，再塗搽一些舒緩筋絡的藥油於其上，果然一兩天後右臂痺痛完全消失。教牧同工講道牧養質素下滑，關鍵可能不在於其釋經方法或牧養心志等問題，而是一些更深層的根源問題。在舊約聖經中，祭司的職分與今天的教牧同工最為相似，昔日祭司負責牧養上帝子民的工作，今天的教牧同工則負責牧養基督的信徒。因此，本文嘗試從利未記祭司的職責，分析今天教牧同工的問題根源所在，希望藉著筆者的觀察，為華人教會作出少許的反思。

二 利未記中祭司的主要職責

1. 總體責任：祭司衣飾的象徵（出二十八章；利八 5～9）

制服象徵著職責及身分。在出埃及記中，耶和華吩咐一切心中有智慧的，就是祂用智慧的靈所充滿的，給亞倫做衣服，使他分別為聖，可以給祂供祭司的職分。其中包括胸牌、以弗得、外袍、雜色的內袍、冠冕、腰帶等，並要用金線和藍色、紫色、朱紅色線，並細麻去做（出二十八 3～5）。這些衣飾不單是衣飾，而是帶著祭司其重要責任的象徵意義。

首先，祭司的外袍及以弗得是用金線、藍色、紫色、朱紅色線及細麻等做成的，這些金線、藍色、紫色、朱紅色線及細麻同樣是製造會幕的材料（出二十六 1），現在用相同的材料做祭司的衣飾，意思是祭司的衣服其實代表著會幕，而會幕同時也象徵著上帝的創造秩序，[1] 故此，祭司的衣飾其實是上帝創造秩序的象徵。這就是說，當祭司穿上這制服時，他是代表著上帝維繫創造秩序的職責，確保讓子民活在上帝的創造秩序之中。而在以弗得的兩條肩帶上安上兩塊刻上以色列十二個兒子名字的紅瑪瑙寶石，每邊六個名字，作用是為以色列人做紀念石，祭司要在兩肩上擔他們的名字，在耶和華前作為記念（二十八 9 ～ 12）。另外，祭司的胸牌上面同樣鑲了各種寶石，這些寶石都要按以色列十二個兒子的名字，彷彿刻圖書，刻十二個支派的名字（15 ～ 21 節）。這些都象徵著祭司要肩擔起上帝子民生命的職責，並將他們放在心上，讓他們記念耶和華，也讓耶和華記念他們。而在胸牌中要放上烏陵和土明；烏陵和土明一般都是用作求問上帝心意之用（參民二十七 21；撒上二十八 6；拉二 63；尼七 65），祭司要為子民求問上帝的心意，好讓子民明白上帝的旨意。最後，祭司要用精金做一面牌，在上面按刻圖書之法，刻著「歸耶和華為聖」，並將牌繫在冠冕的前面，這牌要在祭司的額上，使以色列分別為聖的歸給耶和華，並使他們可以在耶和華面前蒙悅納（出二十八 36 ～ 38）。

從祭司衣飾的象徵意義中，我們可以得知祭司的主要職責，就是**讓子民活在上帝的創造秩序中，肩擔上帝子民的生命，將他們放在心上，為他們求問上帝的心意，使子民歸耶和華為聖，可以在耶和華面前蒙悅納**。

2. 核心職責：分別聖俗，教導律法（利十 8 ～ 11）

本段經文獨特之處，在於整卷利未記中，耶和華都是透過摩西來吩咐以色列子民當遵守的事情（利一 1，四 1，五 14，六

1、8、19、24，七 22、28，八 2，十二 1，十四 1、33，十六 1，十七 1，十八 1，十九 1，二十 1，二十一 1，二十二 17、26，二十三 1、9、23、26、33，二十四 1，二十五 1，二十七 1、34），就算有亞倫的分兒，都是與摩西一起被吩咐的（十一 1，十三 1，十五 1），惟獨本段經文，是耶和華單獨向亞倫說話，並且是吩咐他關於祭司的職責（十 8）。故此，這段經文可說是耶和華給亞倫這位以色列大祭司及其兒子們的職責中，最獨特的吩咐。

耶和華對亞倫說：「你和你兒子進會幕的時候，清酒、濃酒都不可喝，免得你們死亡；這要作你們世世代代永遠的定例。」（利十 9）「你和你兒子進會幕的時候」，即是在執行祭司聖職的時候，不可喝清酒、濃酒。申命記十四章 26 節這樣說：「你用這銀子，隨心所欲，或買牛羊，或買清酒濃酒，凡你心所想的都可以買；你和你的家屬在耶和華—你上帝的面前吃喝快樂。」其實，以色列子民是可以喝清酒和濃酒的，但亞倫及他的兒子作為祭司，在會幕執行聖職時，便不可喝任何酒。為何祭司不可喝酒？先知以賽亞對以法蓮的警告，給了我們很清楚的原因：「這地的人也因酒搖搖晃晃，因濃酒東倒西歪。祭司和先知因濃酒搖搖晃晃，被酒所困，因濃酒東倒西歪。他們錯解默示，謬行審判。」（賽二十八 7）不可喝酒，是因為酒可能會讓祭司「搖搖晃晃」、「東倒西歪」、「錯解默示」、「謬行審判」，使他們不能執行利未記中最重要的職責，就是**「使你們可以將聖的、俗的，潔淨的、不潔淨的，分別出來；又使你們可以將耶和華藉摩西曉諭以色列人的一切律例教訓他們。」（利十 10～11）**喝清酒、濃酒本是平常事，但喝清酒、濃酒也可能會使人失去理智，由於祭司的職責十分重要，所以絕不容許祭司有半點失去理智的可能，以致不能正確地教導子民。

為子民「分別聖的、俗的，潔淨的、不潔淨的」，乃是祭司第一個重要的職責；而第二個重要的職責，就是「將耶和華藉摩西曉諭以色列人的一切律例教訓子民」(利十 11)。這兩個職責的具體內容廣布於五經之中，由於篇幅所限，筆者試從利未記對這些內容作一個概覽。

3. 分別聖與俗、潔與不潔

A. 獻祭：按上帝心意幫助子民與上帝建立正確關係（利一～七章）

利未記一至七章詳細記載了五個以色列子民及祭司獻祭的吩咐，當中包括燔祭(與上帝拉近關係)、素祭(人有收成而對上帝感恩)、平安祭(對上帝感恩、還願、甘心)、贖罪祭(人誤犯了罪，向上帝認錯)及贖愆祭(誤犯或蓄意犯了罪的補償)。獻祭、送禮物給上帝，是與上帝建立關係的途徑。人在不同情況下會送禮物給別人：喜歡對方、希望對方快樂；受了對方的恩惠，送禮以作報答；對方為自己做了一些事，送禮以作回謝；自己得罪了對方，送禮以求息怒，或以作賠償等。利未記這些獻祭的特色，在於所有獻祭的程序，都要按上帝的吩咐而行，人不能以自己的心意及方式來獻祭。獻祭是送禮物給上帝，送禮物自然需按收禮者的喜好來送贈，這才可使收禮者的心歡喜。送禮物給上帝也自然要按上帝的喜好來送，這才能得蒙上帝的悅納。而亞倫的兩個兒子拿答和亞比戶在耶和華面前獻上凡火，是耶和華沒有吩咐他們的，就有火從耶和華面前出來，把他們燒滅，他們就死在耶和華面前(利十 1～2)。兩位祭司同樣是獻祭，但獻上了「凡火」，我們不知道「凡火」正確的意思，可能是指用了錯誤的香料，或是在錯誤的地方獻祭，或是獻給別的神明。[2] 但無論是哪一個意思，最關鍵的就是拿答和亞比戶所獻上的是「耶和華沒有吩咐他們的」。獻祭最重要的，就是要按上帝所吩咐的而獻，要與上帝建立關係，最重要的就是要按上帝的心意而行。若子民要與上帝建立美好及正確的關係，祭司對上帝心意的準確理解尤為重要。要與上帝建立關係，必須按上帝的吩咐行事，若子民要明白上帝的吩咐，則要透過專業的祭司在上帝面前的領受，然後準確地教導他們，假若祭司錯了，子民與上帝的關係便會因而扭曲，生命的方向若然錯誤，後果十分嚴重。所以，祭司仔細清楚分辨上帝的吩咐是極為重要的。

B. 分別潔與不潔的食物（利十一1～46）

利未記十一章詳細記載了關於食物的條例，指出了甚麼食物是潔淨的，甚麼是不潔淨的；甚麼可吃，甚麼不可吃。祭司在這方面要十分清楚上帝的吩咐，並準確地教導子民，免得子民陷入錯誤的觀念中。

地上的走獸當中，可吃的必須是蹄分兩瓣（有趾的掌及足趾完全分開互不相連）及倒嚼（反芻）的。駱駝、沙番（岩狸）、兔子及豬都是不潔淨的，是不可吃的，因為牠們不是倒嚼而不蹄分兩瓣，便是分蹄兩瓣而不倒嚼（利十一 1 ～ 8）。水中的活物當中，可吃的必須是有翅及有鱗的。可憎的、不可吃的是那些無翅無鱗的（十一 9 ～ 12）。雀鳥中以為可憎、不可吃的包括：鵰、狗頭鵰、紅頭鵰、鷂鷹、小鷹與其類；烏鴉與其類；鴕鳥、夜鷹、魚鷹、鷹與其類；鴞鳥、鸕鶿、貓頭鷹、角鴟、鵜鶘、禿鵰、鸛、鷺鷥與其類；戴鵀與蝙蝠（13 ～ 19 節），這裏沒有舉出可憎的原則是甚麼，也沒有提及甚麼是可吃的。爬行的物，有翅膀用四足爬行的物都當以為可憎(20、23節)；另外，凡用肚子行走的和用四足行走的，或是有許多足的，就是一切爬在地上的都是可憎的，都不可吃(41～42節)；可吃的則包括有足有腿，在地上蹦跳的，如蝗蟲、螞蚱、蟋蟀與其類，蚱蜢與其類(21～22節)。

關於食物條例的意義，學者有不同的理解：與異教敬拜有關、衞生因素、心理的感受、聖潔的分別、人類學的觀點、屬靈的含義等。[3] 而按照猶太人傳統，這些食物條例主要是對上帝子民紀律及自我節制的操練。其觀念是：遵守這些條例，不是因為有明確理由解釋為何不可吃，而是因為上帝如此吩咐；不是食物本身有甚麼問題，而是為了愛上帝的緣故，所以不吃。再者，食物條例可以培養其他道德抉擇的自制能力：食物象徵生活的基本慾望，而人一生中總會面臨許多善與惡的抉擇，其他事物如錢財、權力、情慾等都有潔與不潔之分，正如食物有潔與不潔之別。如果不能控制去吃不潔及可憎的食物，其他慾望便更難控制了。[4]

祭司的職責便是要清楚分辨甚麼動物是潔淨的，甚麼是不潔淨的，並且教導子民，讓子民能夠在食物條例的操練上，與上帝建立美好的關係。

C. 分別身體流泄及皮膚的潔與不潔（利十二～十五章）

利未記十二至十五章記載了各種不同的身體流泄及皮膚潔與不潔的條例，祭司的職責是要分辨及教導清楚甚麼是潔與不潔的，並指示子民作出合上帝心意的行動。

關於身體流泄，男人若身患漏症，無論是下流的(肉身流出分泌液），是止住的（肉身從分泌液封塞；利十五 2～3），或是遺精（十五 16），都是不潔淨的。他所觸碰的東西都會成為不潔。而漏症病人潔淨後，要按上帝的吩咐做一連串潔淨的禮儀，才能得潔淨（4～12 節）。而女人若在經期以外患多日的血漏，或是經期過長，有了漏症（25 節），或是行經（19 節），就是不潔淨的，她所觸碰的東西也會成為不潔。同樣，當她潔淨後，也要做一連串的潔淨禮儀（27～30 節）。最後，若男女交合，都會不潔淨到晚上（18 節）。這些身體流泄的不潔現象都有一樣的共通點，就是「生命離開了原本位置」。血、精液、分泌液等都是生命的象徵。不論是漏症、遺精、血漏、行經、交合等都是讓身體象徵生命的物質離開了本位，在上帝眼中，這是不潔的。上帝創造世界時有其創造秩序，各從其類，彼此不能越過界線，身體流泄的條例，其實象徵著人的生命不能越過上帝所規限的界線，人不能離開創造時原本應有的位置，否則便是不潔。

關於大痲瘋，[5] 不論一般皮膚病（利十三 1～8）、發炎的皮膚病（十三 9～17）、瘡的皮膚病（18～23 節）、其他皮膚病（24～44 節）、染了大痲瘋災病的衣服（47～59 節）、有大痲瘋災病的房屋（十四 33～57）等，其不潔的基本共同原則就是「混雜」。皮膚病的不潔基本上是因為「白中帶紅」（十三 10、14、24、42、43），就是「混雜」、「不純」。事實上，不潔的重點不在於皮膚病，而是怎樣的皮膚病。利未記十三章 12 至 17 節這樣說：「大痲瘋若在皮上四外發散，長滿了患災病人的皮，據祭司察看，從頭到腳無處不有，祭司就要察看，全身的肉若長滿了大痲瘋，就要定那患災病的為**潔淨**；全身都變為白，他乃潔淨了。但紅肉幾時顯在他的身上就幾時不潔淨……紅肉若復原，又變白了，他就要來見祭司。祭司要察看，災病處若變白了，祭司就要定那患災病的為**潔淨**，他乃**潔淨**了。」當大痲瘋(即有皮膚病)發散到全身都變為白，沒有「白中帶紅」，祭司就要定為潔淨。衣服及房屋的大痲瘋原則上都是一樣，大痲瘋災病的衣服，若是發綠或發紅，並且發散，都為不潔(47～59節)；大痲瘋災病的房屋若牆上有發綠或發紅的凹斑紋，並且發散，也為不潔(十四 33～57)。

這些條例都是想教導子民生活要純全(pure)，不要帶有任何雜質。再回到創造秩序，上帝區分了各種界線，各從其類，上帝看為是好的，這「各從其類」就是每樣受造物都有其純全的性質，不能混雜，當混雜時，便會破壞創造的秩序。耶和華希望透過這些日常生活的事物及身體狀況，提醒子民要過一個純全、沒有雜質、完全遵守創造秩序的生活。

而祭司在這裏的主要職責，就是要小心察看分辨各種潔與不潔。不潔淨的事物將要承受非常嚴重的後果：「身上有長大痲瘋災病的，他的衣服要撕裂，也要蓬頭散髮，蒙著上唇，喊叫說：『不潔淨了！不潔淨了！』災病在他身上的日子，他便是不潔淨；他既是不潔淨，就要獨居營外。」(利十三 45～46)染了災病的衣服，祭司都要焚燒(十三 52、55、57)；災病若在房子的牆上發散，就要把那有災病的石頭挖出來，扔在城外不潔淨之處……若挖出石頭，刮了房子，墁了以後，災病若在房子裏又發現，祭司就要拆毀房子，把石頭、木頭、灰泥都搬到城外不潔淨之處(十四 39～45)。祭司有權柄定事物為不潔淨，也可以宣告它成為潔淨，由於不潔會帶來極嚴重的後果，所以祭司必須要小心弄清上帝的吩咐，並且要謹慎「察看」(十三 3、5、6、7、8、10、12、13、15、17、19、20、21、25、26、27、30、31、32、34、36、37、39、43、49、50、51、53、

55、56，十四 3、36、37、39、44、48）。遇有懷疑個案，患者必須等候七天，甚至花兩個七天來清楚觀察，以免祭司把有災病的宣告為潔淨，污染營中的人；又把沒有災病的宣告為不潔，將之趕到營外，連累無辜。

4. 分別神聖與世俗及教導律例

除了分別潔淨的與不潔淨的之外，祭司還要分辨甚麼是聖的及俗的。利未記十一至十五章記載了各種潔淨條例，讓祭司可以分別潔淨與不潔淨；而十七至二十七章，學者們則稱之為「神聖法典」（Holiness Code），[6] 這些律例乃提供祭司作為分辨「神聖」與「世俗」的標準。當中包括吃血的條例（十七章）、性倫理條例（十八及二十章）、生活倫理條例（十九章）、上帝對祭司及祭物的要求（二十一至二十二章）、節期的條例（二十三章）、保持神聖的條例（二十四章）、安息年及禧年的條例（二十五章）、祝福與警告（二十六章），以及關於贖回的條例（二十七章）。由於篇幅關係，本文只選取十九章的內容作出綜合分析，以展示祭司須如何分辨聖俗，並如何教導摩西的律例。

A. 引言

從利未記十九章開首所記，耶和華吩咐摩西曉諭以色列會眾說：「你們要神聖，[7] 因為我耶和華—你們的上帝是神聖的。」（利十九 1～2；作者自譯）子民要神聖的原因是因為耶和華是神聖的。耶和華是神聖的，而人按上帝的形像被造，故此人也同樣被要求要有神聖的表現。人之為人，端在乎他有否活出耶和華的神聖，「神聖」是人應有的本質所在。

在利未記十九章，以至五經其他律例的教導，都展示了「神聖」包含了愛上帝及愛人兩個範疇，當中包括了敬拜、禮儀、獻祭、家庭、社會、鄰舍、個人等層面。換句話說，「神聖」是包含生命中各個範疇，而不單屬於所謂「宗教」的層面；而祭司要幫助子民在生活各個層面中作出分辨。

B.「神聖」最基本的觀念：不要混雜，要純全

「你們要守我的律例。不可叫你的牲畜與異類配合；不可用兩樣攙雜的種種你的地，也不可用兩樣攙雜的料做衣服穿在身上。」(利十九19)

「神聖」的基本觀念，與「潔淨」的其中一種特性一樣，就是要純全(pure)，不要有任何混雜。透過牲畜、種子、衣料的日常生活例子，耶和華吩咐子民要過一個專一跟從上帝、分別出來歸給上帝、不攙雜不合上帝創造秩序心意的生活。

C. 愛上帝的層面

(i) 不可敬拜別神，要專一敬拜上帝

「你們不可偏向虛無的神，也不可為自己鑄造神像。我是耶和華—你們的上帝。」(利十九4)

「不可偏向那些交鬼的和行巫術的；不可求問他們，以致被他們玷污了。我是耶和華—你們的上帝。」(利十九31)

「不可偏向」原文是「不可轉向」(אַל־תִּפְנוּ)，「轉向」意即從相信耶和華轉去相信其他神明，是對耶和華不信任的表示。十誡中的第一及第二誡吩咐子民，除耶和華以外，不可有別的上帝，也不可為自己雕刻偶像。

（ii）不可效法外邦異教風俗

「不可用法術，也不可觀兆。頭的周圍不可剃，鬍鬚的周圍也不可損壞。不可為死人用刀劃身，也不可在身上刺花紋。我是耶和華。」（利十九 26～28）

剃頭、修剪鬢邊、為死人用刀劃身等，都是異教哀悼死人的舉動，紋身刺花則代表讓你的身體歸給某神明，[8] 這些都是外邦異教的風俗，上帝的子民絕對不可效法。

（iii）謹守安息日

「要守我的安息日。我是耶和華─你們的上帝。」（利十九 3）

「你們要守我的安息日，敬我的聖所。我是耶和華。」（利十九 30）

這是第四誡的吩咐。上帝用六日創造天地，一切都已經創造完畢，上帝看為甚好，於是便竭下一切的工，安息了（創二 1～3）。這安息不是因為上帝疲倦，以致要休息；安息是因為一切工作都做完，一切都圓滿，一切都甚好，所以上帝不做了。因此，安息日是記念上帝創造工作的圓滿。同時，上帝的子民亦有責任讓大地保持上帝看為甚好的圓滿狀況。[9]

（iv）獻祭

「你們獻平安祭給耶和華的時候，要獻得可蒙悅納。」（利十九 5）

上文已說過，獻祭是要與上帝建立關係，其中最重要的就是按上帝的心意行事，獻的祭物要獻上帝所喜悅的，正如送禮物給別人，也應送別人所喜愛的一樣。

D. 愛人的層面

(i) 敬畏長者

「你們各人都當孝敬父母。」(利十九 3)

「在白髮的人面前,你要站起來;也要尊敬老人,又要敬畏你的上帝。我是耶和華。」(利十九 32)

第五誡吩咐子民要孝敬父母。甚麼是「神聖」? 敬畏父母,善待長者,尊敬老人,這些都是「神聖」的表現。

(ii) 善待女兒

「不可辱沒你的女兒,使她為娼妓,恐怕地上的人專向淫亂,地就滿了大惡。」(利十九 29)

女子在當時以色列當中沒有很高的地位,作為父親,對女兒有很大的主權。但這裏教導不可因父親對女兒有主權,便以各種經濟原因,胡亂將女兒賣作娼妓,更不可使大地充滿可恥的淫亂行為。保護弱勢的女子是「神聖」的表現。

(iii) 不可欺壓鄰舍

「不可欺壓鄰舍,也不可搶奪他的物。雇工人的工價,不可在你那裏過夜,留到早晨。」(利十九 13)

當時的雇工是每天傍晚時分支取薪金的,若雇主將雇工的薪金剋扣至第二天早上,那雇工當晚便沒有錢過活了。屬於別人的東西,絕對不可以恃著自己的權勢地位而強奪或剋扣,幫助別人得到所應得的是「神聖」的表現。

(iv) 賺錢不可賺到盡

「在你們的地收割莊稼,不可割盡田角,也不可拾取所遺落的。不可摘盡葡萄園的果子，也不可拾取葡萄園所掉的果子；要留給窮人和寄居的。我是耶和華—你們的上帝。」（利十九 9～10）

留下部分收成給貧苦低下的人是「神聖」的表現，利不可賺盡，要顧念貧窮人。

（v）不可落井下石

「不可咒罵聾子，也不可將絆腳石放在瞎子面前，只要敬畏你的上帝。我是耶和華。」（利十九 14）

作為聾子或瞎子本身已經是一種不幸，受苦受傷的機會比一般人較多，上帝的心意是要幫助他們，讓他們免受傷害。咒罵聾子或將絆腳石放在瞎子面前，就是在別人的不幸上落井下石，這與上帝的創造心意背道而馳。

（vi）不可殺人

「不可在民中往來搬弄是非，也不可與鄰舍為敵，置之於死。我是耶和華。」（利十九 16）

這裏涉及兩種殺人的形態：第一是主動用說話殺人。散播謠言、中傷、誹謗、抹黑等，都會對別人的生命造成傷害。第二是被動的殺人。「不可與鄰舍為敵，置之於死」，原文為「你不可在你鄰舍的血上站立不動」，意思是當鄰舍被殺流血時，你站立不動，便是見死不救，這等於殺人，就是犯了第六誡。

（vii）審判要公道

「你們施行審判，不可行不義；不可偏護窮人，也不可重看有勢力的人，只要按著公義審判你的鄰舍。」（利十九 15）

在審判的場合，人的身分背景絕不應是衡量事情對錯的標準，有權勢的人固然不應偏袒，甚至窮人也不應偏護。聖經中耶和華往往站在貧窮弱勢那一方，因為他們很容易被有權勢的人欺負，但審判所追求的是絕對的公義，故此不應偏幫任何一方，只要按著公義審判。

（viii）交易要公平

「你們施行審判，不可行不義；在尺、秤、升、斗上也是如此。要用公道天平、公道法碼、公道升斗、公道秤。我是耶和華—你們的上帝，曾把他們從埃及地領出來的。」（利十九35～36）

貨物或生意的交易上要公道，不可存心欺騙對方，以謀取暴利。

（ix）不可偷盜

「你們不可偷盜，不可欺騙，也不可彼此說謊。不可指著我的名起假誓，褻瀆你上帝的名。我是耶和華。」（利十九11～12）

這裏將偷盜與欺騙、說謊及起假誓放在一起，表達出人很容易在謊言中去欺騙及偷盜別人的財物。第八誡教導子民不可偷盜，第九誡則教導子民不可作假見證陷害人，兩者其實是息息相關的。

三 利未記中的祭司對現今華人教會教牧同工職責的反思

利未記告訴我們，祭司的主要職責在於分辨聖的、俗的，潔淨的及不潔淨的，並將摩西的律例教導子民。從以上的陳述可見，祭司的職責殊不簡單，他們要作出分辨的層面十分廣泛——不同的獻祭、生活中的飲食、子民中男女的身體狀況（男性的流泄、女性的月經、女人的生產、男女的交合、各種痲瘋皮膚病症等）、衣服及房屋的潔淨、分辨吃血的吩咐、各種性關係、節期的敬拜、信仰是否專一、禮儀的遵守、家庭的秩序（敬畏長者、善待女兒）、社會上各種公義問題（不欺壓、利不可賺盡、不落井下石、不誹謗、審判要公道、交易要公平、要有誠信、生活不要混雜）等。若要清楚準確地作出分辨，祭司則要非常熟悉上主的吩咐及教導，並在實際生活中分辨甚麼事情是合乎上主心意，甚麼是不合乎上主心意。此外，他們的判斷會對會眾帶來很嚴重的後果。要做到這些，祭司需要非常專注及花大量時間研究，並從實際經驗中琢磨微調，方可準確地分辨察驗。因此，在民數記中耶和華從以色列人當中選出利未人給祭司，辨理會幕的事，看守及搬運會幕之器具等行政工作（民三～四章），好讓祭司專心謹守自己祭司的職任（民三5～10）。

今天的教會沒有祭司，但與祭司職責最接近的，要算是教會的教牧同工。值得思考的是，今天的教牧同工最重要的職責是甚麼？祭司最重要的職責是「分辨」，筆者相信今天教會的教牧同工最重要的職責也是「分辨」。甚麼是今天的神聖與世俗、潔與不潔？誰去負責分辨，然後教導上帝的子民？今天也許沒有甚麼大痲瘋或漏症需要去分辨，也不需要察驗信徒的衣服及房屋是否不潔，但這並不表示今天的世界沒有神聖與世俗、潔與不潔之分。今天的世界，仍然充滿著各種世界觀、道德倫理、神學信仰、社會政治的爭議，當中誰對誰錯，誰合上帝心意，誰不合上帝心意；誰是神聖，誰是世俗；誰是潔淨，誰是不潔，仍然需要今天的祭司——教牧同工——去作出分辨及察驗。同性戀是否合乎聖經教導？基督徒可否公民抗命？基督徒妻子持續被丈夫虐打，她應否選擇離婚？後現代主義是否邪惡？創世記一至十一章是歷史事實？抑故事？抑神話？哪一種解經方法才是正確？靈意釋經？神學釋經？歷史文法釋經？文學釋經？猶太釋經？……子民很多時都沒有足夠的知識及能力，判別甚麼是潔淨或不潔的，他們需要專業的祭司作教導及指引。教牧同工在神學院接受過神學及聖經知識的訓練，試問除了他們，在教會中應由誰擔當分辨察驗的工作？

正如上文所說，要清楚分辨及察驗是需要花很多時間及需要相當的專注。問題是：今天的教牧同工往往沒有時間研究聖經、神學及社會課題。尤有甚者，不少教牧同工甚至沒時間預備主日崇拜的講道。為何會有這樣的情況出現？歸根究柢，筆者認為是現今教會對教牧同工應負的職責的觀念有所偏差。利未記清楚指出祭司的主要職責是甚麼，而為了讓祭司專心實踐這重要的職責，上帝為祭司差派利未人擔當行政物流搬運的工作，傳道及行政兩者的分工十分清楚，祭司只須專注其作出分辨及教導的職責，不用擔當利未人的行政工作。反觀今天華人教會的狀況，不少教牧傳道同工做了很多「利未人」所做的工作，而自己應當做的事卻沒有時間做。他們本來應做很多研究聖經及神學的工作，但事實上卻花了絕大部分時間去開會、辦活動、訂場地、預備簡報、規劃擴堂，甚至有些較為熟悉電腦的傳道人，更要幫助教會或信徒修整電腦。問題是：為何要聘請一個曾受神學訓練的人，做一些本來由文員或社工專責做的事？再者，傳道人也未必受過文員、社工或工商管理等訓練。結果是，傳道人沒做好自己的本分，別的工作又做得不好，然後會眾又得不到傳道人適切的牧養。以上的現象是筆者多年來在不同教會的親身觀察，相信處於這種境況下的教會為數不少。

筆者身為神學院的聖經科老師，深知道研讀聖經是需要花很多時間及心力的（筆者單是研究馬太福音已花了三年的時間），傳道同工若不做好研究工作，很容易便會歪曲上帝的話，將不潔當成潔淨、將世俗變成神聖，接著更錯誤地教導弟兄姊妹，令他們的生命變成不潔與世俗，這正是上帝所憎惡的。教牧同工任重道遠，不要輕看講道的預備，這是對弟兄姊妹其中一個最重要的牧養環節。試想，一次講道約四十分鐘，若這四十分鐘沒有預備好，台下有一位聽眾坐著，便浪費了四十分鐘；若台下有一百位聽眾，便浪費了一百個四十分鐘；若台下有五百位聽眾，這便浪費了五百個四十分鐘，這浪費是何等的巨大啊！浪費還算好了，都只不過是浪費罷了，若講的道是曲解真理的，台下聽眾又未能分辨，這便毒害了五百人，這罪誰能擔當啊！相反，一篇好的講章，能道出真理，合乎上帝心意，那麼便可以讓五百人一起貼近了上帝的心意，這是何等美好的事！可惜，今天不少教牧同工做了很多不是自己職責及呼召所要求的工作。

據聞前加拿大維真神學院（Regent College）靈修神學教授畢德生（Eugene Peterson）牧師，在教會當牧師時，他只在開頭的四年與執事們一起開會，其後的二十多年都沒有參與教會行政的會議，因他希望專心做好一個牧者應該做的工作。在他一篇名為〈不忙碌的牧者〉（“Unbusy Pastor”）的文章中，畢德生認為一個牧者最重要有三個職責：祈禱的牧者、講道的牧者、聆聽的牧者。[10] 這三個職責才是上帝呼召他要做的，其他的行政工作他則交由執事會決定處理。不論你是否認同畢德生對牧者職責的定位，但他的確指出了教會牧者應專注自己的職責這要點。

祭司負責祭司的工作，利未人負責利未人的工作，彼此衷誠合作，以致事半功倍，這是很簡單的道理，可是今天大部分教會仍未能做到這點，實屬可惜。當然，這可能牽涉另一些深層原因及觀念，以致華人教會至今都未能完全實踐聖經教導，也許將來要另闢文章再作探討了。

註釋：

1. 會幕與創造的討論，可參考 Terence E. Fretheim, *Exodus,* Interpretation (Louisville, KY: John Knox Press, 1991), 269 ~ 272。
2. Timothy M. Willis, *Leviticus*, AOTC (Nashville, TN: Abingdon Press, 2009), 93 ~ 95.
3. 洪同勉：《利未記：卷上》，天道聖經註釋（香港：天道書樓，1990），頁 399 ~ 421。
4. 魏道思拉比（Rabbi Wayne Dosick）：《猶太信仰之旅——猶太人的信仰、傳統與生活》，劉幸枝譯（台北：聖經資源中心，2006），頁 389 ~ 394。
5. 大痲瘋（הַצָּרַעַת）這字詞同樣用在衣服之上（利十四 7），也用在房屋之上（十四 34），所以不單是指人身體的皮膚病或大痲瘋，而是一種在其他物件變為腐爛的狀況。
6. 關於「神聖法典」的討論，可參考 John E. Hartley, *Leviticus*, WBC (Dallas, TX: Word Books, 1992), 247 ~ 260。
7. 在這裏筆者將 קָדוֹשׁ 譯作「神聖」而不譯作「聖潔」，是因為在利未記十章 10 節中，聖與俗是相對的，而潔淨與不潔淨也是相對的。聖俗跟潔淨與否是不同的概念，而「聖潔」這翻譯會將兩組概念混亂。所以筆者譯為「神聖」。參黃嘉樑：〈不潔與土地：以西結書中以色列的過去、現在與將來〉，收於余達心主編：《生命的學問——中國神學研究院銀禧院慶文集》（香港：中國神學研究院，2001），頁 336～339。

8. Hartley, *Leviticus*, 319～321.
9. 詳細討論可參拙文：〈從舊約「創造神學」看安息日的意義〉，收於趙崇明、邵樟平合編：《當工作遇上安息》（香港：香港神學院、基道，2007），頁 49～62。
10. Eugene Peterson, *The Contemplative Pastor: Returning to the Art of Spiritual Direction* (Grand Rapids, MI: Eerdmans, 1989), 17～25.

編者跋

趙崇明

眾所周知，美國已開始步歐洲後塵，愈來愈多人離開教會。在不久將來，恐怕連香港教會亦開始步歐美教會後塵，陸續出現大量信徒流失的情況。

信徒離開教會固然有不同原因，最主要莫過於工作或生活忙碌；或覺得教會生活（例如崇拜、團契等）過於沉悶；或感到人際關係流於表面和疏離，甚至經歷人事上的衝突與不和。當然，有不少信徒因為對教會感到失望而離開，他們聲稱對教會失望的事情有很多，例如不滿教會與時代過於脱節、嫌棄教會在信仰或教義上過於傳統和保守、不滿教會過於獨裁及制度僵化，以至投訴教會各項事工（如兒童工作、青少年工作、主日學工作、關顧工作……）的質素欠佳和服務不周。

信徒一旦遇上教會出現問題，或者感到教會不能滿足自己的需要，又或者認為教會人士與自己意見不合時，動輒便要跟教會「分手」，這的確是現實中不少信徒選擇的「出路」。坦白説，離開教會確實是最容易、最不費力的「解決」途徑。一旦信徒要離開教會，他們總會找到一個合理或能自圓其説的理由。

但他們可曾想過，這可能只是逃避問題、卻是無補於事的消極方法？當然，我們亦要反省是否只是基於一種消費者的心態，作出上述的種種批評？

然而，我們的確又不能迴避教會「有病」的事實。雷納父子（Thom Rainer and Sam Rainer III）在他們合著的《不可或缺的教會——重獲流失的一代（*Essential Church?: Reclaiming a Generation of Dropouts*）一書中，除了列出信徒離開教會的十大原因之外，[1] 亦坦白指出垂死教會的「七宗罪」，包括：（1）為怕嚇走或刺痛青少年信徒，教會在教導上稀釋聖經真理和教義，以「低劑量」的無痛福音迎合他們；（2）愈來愈失去佈道熱誠；（3）教會所身處的世界不斷在變，但教會內部的文化卻五十年不變，反映教會未能適切地回應時代的需要，這樣的教會容易陷入被淘汰的危機；（4）愈喜歡築起圍牆、愈封閉、愈只是關心教會自己的內部需要，愈少接觸社區和關心世界的教會，死得愈快；（5）愈花時間和精力為了個人喜好卻微不足道的事情互相爭吵的教會，愈容易失去活力；（6）過度安於現狀，拒絕走出自己的舒適地帶（comfort zone）；（7）信徒嚴重缺乏聖經教導，教會內愈來愈多聖經文盲。上述「七宗罪」，往往是垂死教會的病徵。[2] 如果這些真是教會愈來愈普遍的現實情況，那麼，我們實在不能對此等現象掉以輕心。

話說回來，教會始終是由罪人組成的羣體，有人存在的地方，就自然存在種種問題，由罪人組成的教會又豈能免疫而從不生病？既然教會患病，就不能諱疾忌醫，反而要敢於對教會的問題作出批判，及早為教會的病情把脈，找出問題的根源所在，然後對症下藥，希望藥到病除。

誠然，「批評」實在是最容易做的事，而且愈「批」可能愈有快感，惟有提出改善的良方妙藥，並且身體力行，才是更積極的解決之道。在批評別人之前，首先就是要自我反省和自我批判。

畢竟神學是為建立教會而做的，神學教育最重要的任務，就是透過服事教會而事奉上帝。本書的文章，正是一班神學教育工作者為我們所愛的教會而寫的。

註釋：

1. 參湯姆．雷納（Thom Rainer）、薩姆．雷納（Sam Rainer III）：《不可或缺的教會——重獲流失的一代》，陳永財譯（香港：基道，2009），頁3～4。
2. 參湯姆．雷納、薩姆．雷納：《不可或缺的教會》，頁16～19。

作者介紹

（按照文章次序排列）

趙崇明

香港神學院神學及歷史科專任講師

鄧瑞強

香港神學院神學及歷史科專任講師

蘇遠泰

香港神學院神學及歷史科專任講師

張慧玲

香港神學院聖經科及實用神學科專任講師

張天和

香港神學院實用神學科專任講師

蔡式平

香港神學院聖經科專任講師

張祥志

香港神學院聖經科專任講師

歡迎報讀香港神學院各類課程

1. 道學碩士課程 (Master of Divinity)
全時間三年課程，共修讀 110 學分。

2. 道學碩士(教牧進修)課程 (Master of Divinity [Pastoral Studies])
部分時間課程，最多在七年之內完成，共修讀 70 學分。

3. 基督教研究碩士課程 (Master of Christian Studies)
部分時間課程，修讀時間需要三至七年，共修讀 51 學分。

4. 神學學士課程 (Bachelor of Theology)
全時間四年課程，共修讀 139 學分。

5. 神學文憑課程 (Diploma in Theology)
全時間要修讀一年，部分時間要修讀二至五年，共修讀 36 學分。

6. 延伸證書課程
不限修讀年期，最少要修讀 8 科。

歡迎各教會信徒報讀，欲索取詳細資料，請瀏覽本院網頁 www.bshk.edu.hk 或致電 2194 3003 聯絡教務處郭小姐查詢。

教會事工系列　伴您作多方面裝備，服事教會！

親子敬拜樂園
霍張佩斯 著／HK$108

真誠的關係——發掘失落了的互為肢體之道
Authentic Relationship: Discover the Lost Art of "One Anothering"
韋恩．雅各布森(Wayne Jacobsen)、克萊．雅各布森(Clay Jacobsen)著
陳永財 譯／HK$63

創意處理衝突
Managing Conflict Creatively
唐納德 C. 帕爾默(Donald C. Palmer)著／何敏璇、石彩燕 譯／HK$68

佈道對談——在日常生活中談論上帝
Holy Conversation: Talking About God in Everyday Life
理察．皮斯(Richard Peace)著／黃大業 譯／HK$68

宣講中的聖經——生命更新的信仰記號
The Sign Language of Faith: Opportunities for Preaching Today
戴歌德(Gerd Theissen)著／許子韻 譯／HK$83

不可或缺的教會——重獲流失的一代
Essential Church?: Reclaiming a Generation of Dropouts
湯姆．雷納(Thom S. Rainer)、薩姆．雷納(Sam S. Rainer III)著
陳永財 譯／HK$88

崇拜：歷久常新
Ancient-Future Worship: Proclaiming and Enacting God's Narrative
韋柏(Robert E. Webber)著／陳永財 譯／HK$73

聖經人物嘉年華——幼兒導師手記
陳芝瑛 著／HK$88

屬靈品格的建立——認識屬靈的操練、品格與價值觀
郭鴻標 著／HK$68

事奉生命的建立——認識事奉的態度、原則與恩賜
郭鴻標 著／HK$73

Caring 系列　實踐信仰的關懷　共度人生的起伏

與病患者同行——給關顧者的屬靈指引
Spiritual Care: A Guide for Caregivers
朱迪斯．艾倫．謝利（Judith Allen Shelly）著／陳永財 譯／ HK$73

告別抑鬱——給患者及親友的幫助
Defeating Depression: Real Help for You and Those Who Love You
霍華德．斯通（Howard W. Stone）著／陳永財 譯／ HK$128

妥善處理自殺個案
Suicide: Pastoral Responses
洛倫．湯森（Loren L. Townsend）著／鄧英偉 譯／ HK$68

危而不亂——與病人及親屬面對倫理困境
Caring for Those in Crisis: Facing Ethical Dilemmas with Patients and Families
肯尼斯．莫特拉姆（Kenneth P. Mottram）著／黃東英 譯／ HK$73

與癡呆症共舞——給患者與照顧者的分享及指引
Dancing with Dementia: My Story of Living Positively with Dementia
克莉絲汀．伯頓（Christine Bryden）著／陳永財 譯／ HK$78

妥善處理抑鬱症
Coping with Depression
陳善養（Siang-Yang Tan）、奧伯格（John Ortberg）著／明朗兒 譯 HK$48

策略性牧養輔導——一個短期有系統的模式
Strategic Pastoral Counseling: A Short-Term Structured Model
貝內爾（David G. Benner）著／陳永財 譯／ HK$68

怎能饒恕——策略性牧養輔導
Understanding and Facilitating Forgiveness
羅伯特．哈維（Robert W. Harvey）、貝內爾（David G. Benner）著／陳永財 譯
HK$68

癌病中的盼望——怎樣幫助癌症患者
Counseling People with Cancer
珍．艾特雷—康頓（Jann Aldredge-Clanton）著／羅燕明 譯／ HK$78

聖經通識叢書 兼顧學術研究的精確和執著，並教會信徒生活上的實踐。

聖經鳥瞰
為您精簡而全面地展現聖經的本體與其來龍去脈

聖經鳥瞰——基礎篇 黃錫木 著／HK$93
聖經鳥瞰——進深篇 黃錫木 著／HK$68

聖經書卷要領
助您宏觀同類別的聖經書卷

舊約先知書要領 黃嘉樑、雷建華、梁國權 著／HK$88
耶穌生平與福音書要領 孫寶玲、黃錫木 著／HK$88
使徒行傳與保羅書信要領 張達民、黃錫木 著／HK$88
希伯來書、大公書信與啟示錄要領 張略、黃錫木 著／HK$78

聖經書卷析讀
助您進深分析個別聖經書卷的內容和信息

在曠野中與上帝同行——民數記析讀 黃嘉樑 著／HK$158
剛強壯膽回應上帝的應許——約書亞記析讀 黃嘉樑 著／HK$163
背約沉淪的循環軌迹——士師記析讀 吳獻章 著／HK$118
愛的審判與生命的應許——耶利米書析讀 熊潤榮 著／HK$148
奔走風塵的僕人——馬可福音析讀 張略、黃錫木 著／HK$93
逆轉人生的上帝之子——路加福音析讀 孫寶玲 著／HK$108
道成為人的耶穌——約翰福音析讀 吳道宗 著／HK$88
風起雲湧的初代教會——使徒行傳析讀 張達民、黃錫木 著／HK$78
情理之間持信道——加拉太書、帖撒羅尼迦前後書析讀
張達民、郭漢成、黃錫木 著／HK$98
僕人領袖的教導與領導——提多書、提摩太前書析讀
曾思瀚 著／曾景恒 譯／HK$138

其他出版 讓您多方、多向，更完整地研讀聖經

憑祢恩言——實用基督徒生活手冊
郭鴻標、黃錫木 主編／HK$108
聖經通識手冊 羅慶才、黃錫木 主編／HK$158

緊扣時代 服事教會

以文字傳揚基督真道

讀者意見表

衷心多謝你購買本社書籍。本社一直致力以出版事工服事教會，幫助信徒扎根於神的話語，促進靈命增長。為使我們的出版更能滿足你的需要，請填寫下列各項資料，並寄回或傳真予本社。

所購書籍：＿＿＿＿＿＿＿＿＿＿

本書最吸引你的地方：

□作者　□適切性　□文筆　□設計　□實用性

□其他：＿＿＿＿＿＿＿＿＿＿

購買本書地點：

□基道書樓　□基督教書店　□非基督教書店

性別：□男　□女　職業：＿＿＿＿＿＿

信仰：□基督徒　□非基督徒

年齡：□16歲或以下　□17～25歲　□26～35歲　□36～55歲　□56歲或以上

學歷：□中三或以下　□中五　□預科　□大學　□研究院

□我欲更多了解基道出版社的事工及考慮支持，請寄給我下列資料：

□機構簡介　□新書資料　□基道會員通訊

□《基道文字事工通訊》

姓名：＿＿＿＿＿＿＿＿＿＿電話：＿＿＿＿＿＿

地址：＿＿＿＿＿＿＿＿＿＿

＿＿＿＿＿＿＿＿＿＿

傳真：＿＿＿＿＿＿　電子郵件：＿＿＿＿＿＿

其他意見：＿＿＿＿＿＿＿＿＿＿

＿＿＿＿＿＿＿＿＿＿

多謝賜教！

基道出版社

意見表可以傳真（2687-0281）或直接郵寄以下地址：
香港沙田火炭坳背灣街26號富騰工業中心1011室
基道出版社編輯部收